図解 いちばんやさしい地政学の本

激動の世界 最新版

沢辺有司

彩図社

はじめに

パンデミック後の世界では、ウクライナとパレスチナ・ガザという2つの地域で凄惨な戦争が起きました。北朝鮮はミサイル発射を繰り返し、中国の台湾侵攻の危機も切迫しています。これだけではなく日々、物騒なニュースがたえません。なぜこうした問題が起きているのかを考えるとき、さまざまな解釈の方法があるでしょう。

たとえば1つには、これまでの「歴史」を紐解くことで見えてくることがあります。ウクライナ戦争についていえば、「プーチンが、旧ソ連の領域を取り戻そうとしている」などと解釈できます。

一方、地図をベースとした「地政学」を使うと、少し違った見方になります。「ウクライナのような、**大国と大国のあいだにはさまれたバッファゾーン（緩衝地帯）はいつの時代でも紛争が起きやすい**」と解釈されます。ウクライナという地域は、歴史とは無関係に、地政学的に見てどうしても紛争が起きやすい場所にあるのです。

このように、実際にいま世界で起きていることの多くは、「地政学」を使うことでかなりクリアに見えてきます。

まだなじみのうすい方も多いかと思いますが、いま、地政学的視点の重要性が増しています。**「地政学」とは、地図をもとにその国の政治や軍事を考えていく学問です。**軍事理論でもあるため、戦後の日本では封印されていました。

地理というのは、時代が変わっても変わりません。ですから、変わらない地理をもとにすることで、それぞれの国や地域がとる戦略というのは自ずと決まってくる、と考えられます。となると、いくら世界情勢が混沌としてきても、その国がとるべき一貫した正しい戦略があるはずだ、となります。地政学ではこう考えるわけです。

本書では、アメリカ、ロシア、中国という現在の世界のメインプレイヤーの地政学を見たあと、EU解体の危機に揺れるヨーロッパ、変動の激しい中近東の地政学を見ていきます。そしてさいごに、日本とアジア各国の地政学を見ていきます。

混沌として先の見えない時代です。だからこそ、普遍的な知である地政学的視点をもつことが大切です。それによって、より自信をもって世界と向き合うことができるはずです。

【目次】図解 いちばんやさしい地政学の本
激動の世界最新版

第1章 地政学とは何か?

第2章 アメリカの地政学
世界をかき回す覇権国家

第3章 ロシアの地政学

帝国主義へ回帰する北の大国

第4章 中国の地政学

アジアから世界の覇権をねらう

第5章 ヨーロッパの地政学
「地域」と「世界」の間で揺れる

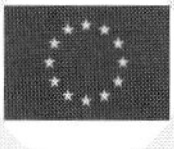

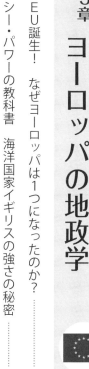

第6章 中近東の地政学

紛争と大国の思惑が渦巻く

第7章 大国の情勢を映す アジアの地政学

本書に登場する主な国・地域の位置

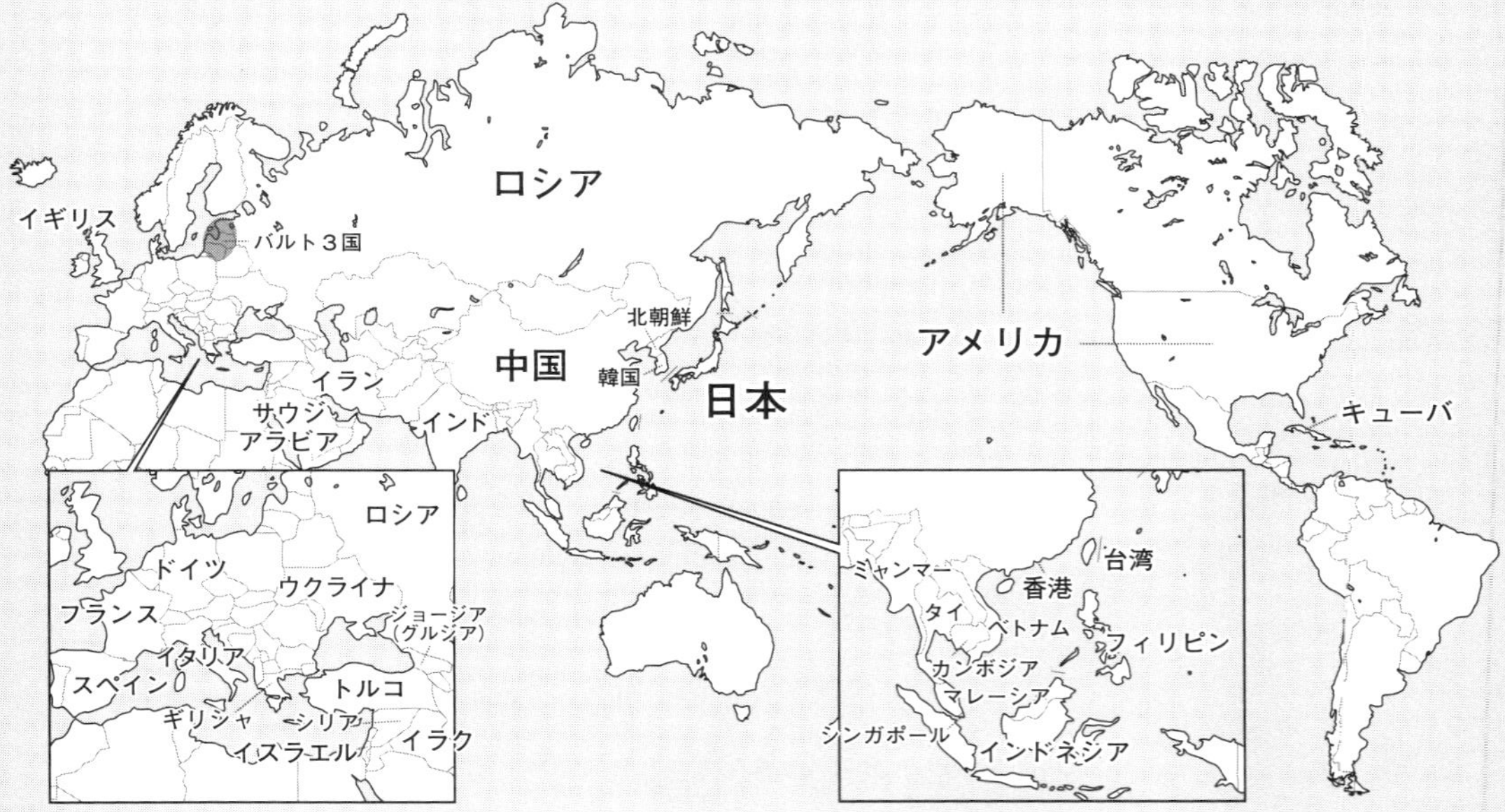

第1章

地政学とは何か?

「地政学」とは、リアルな軍事戦略だ！

No.1

地図を戦略的に見る

「地政学（Geopolitics：ジオポリティクス）」とはなんでしょうか？

地政学とは、かんたんにいえば、「軍事戦略の理論」です。**地図を戦略的に見て、どうやって空間を支配するのかを考えるものです**。

国家というのは、戦争があってもなくても、いつでも周りの国の様子を見極めながら、あらゆる戦略をねって自分の国を守っています。そのとき、歴史的な視点も必要ですが、地理的な視点も必要です。この地理的な視点を用いる戦略が、地政学です。

地政学を使うのは、自分の国の戦略を考えるときだけではありません。混沌とした世界情勢をきちんと把握するときにも、地政学はとても重要なツールになります。

地理的条件は変わらない

すべての国は、地理的条件から逃れることはできません。

どういうことかというと、それぞれの国は、海に囲まれていたり、内陸にあったり、大国にはさまれていたり、半島につきでていたり、さまざまな地理的条件のうえになりたっています。しかも、その地理的条件というのはずっと変わりません。人類の歴史がはじまってから、地理はほとんど変わっていないからです。

つまり、**「それぞれの国は、ずっと同じ地理的条件のうえになりたっていて、その条件をぬきにして戦略をねることはできない」**ということです。この考え方は、地政学の重要な出発点になります。

このように地理的条件を出発点とする地政学には、2つの基本的な概念があります。それが、**「シー・パワー（海洋国家）」**と**「ランド・パワー（大陸国家）」**です。

海に強いシー・パワーには、島国のイギリスや日本があります。アメリカも大西

地政学とは何なのか？

地理的条件を出発点とする
きわめて「現実的」な軍事戦略

2つの基本的概念

ランド・パワー＝大陸国家	シー・パワー＝海洋国家
ロシア・中国 ドイツ・フランスなど	アメリカ・ イギリス・日本など

洋と太平洋にはさまれているので、大きな島国と見ることができて、シー・パワーの国に分類されます。陸に強いランド・パワーには、ロシアやドイツ、フランス、中国があります。

世界の国をシー・パワーとランド・パワーに分類して観察するだけでも、国際情勢はよりクリアに見えてくるでしょう。

たとえば、シー・パワーの日本は、いつも海に守られていたことがわかります。海は防衛上の利点があります。海は敵からの侵入を防ぎやすいのです。とくに日本の場合、黒潮と親潮という世界的にも非常に流れの速い海流にはさまれているので、この海域に慣れていない敵からすると、船をあやって近づくのは簡単ではありません。日本はこうした海に守られているので、歴代の中華帝国でさえ支配することができませんでした。

日本の最大の危機は、2度にわたるモンゴル軍の襲来（元寇《げんこう》）でしょう。モンゴル軍は、ロシアや東欧まで侵攻した当時世界最強のランド・パワーです。しかし、日本はこれも退けました。

その要因には「神風」もありますが、モンゴル軍はランド・パワーを母体とし海に慣れていなかったことがあげられます（P113）。つまり、シー・パワーでは日本が勝っていたということです。

リアルな地政学が前面に出てきた

地政学は、とても「現実的」で「実践的」な軍事戦略です。イデオロギーなどの「理想的」な論理とは違います。

戦争では、開戦の理由として、なにかしらの物語がつくられるときがあります。「ファシズム陣営から自由主義を守るため」「共産主義から資本主義を守るため」「テロとの戦い」などという物語です。このようなイデオロギーとよばれる物語によって戦争の理由づけがされます。

しかし、現実には違うところに理由があります。**領土や植民地の拡大、防衛上の拠点の獲得、資源の獲得などが戦争の本当の目的だったりします**。つまり、よくよく見てみると、地政学的なリアルな戦略が隠されているわけです。

たとえば、「テロとの戦い」のスローガンでアメリカはイラク戦争に突入しましたが、その根拠とされた「大量破壊兵器」はついに見つかりませんでした。イラク戦争の本当の目的は、アメリカがロシア寄りのフセイン政権から石油利権を奪うことだったとされています。

すこし前までの世界は、イデオロギーという物語によっておおわれていましたが、いまやそのベールがはがされ、地政学的な戦略が前面に出てきています。

その象徴ともいえる人物の1人が、ロシアのプーチン大統領です。プーチンは、「自国の地政学的な利益」のためといって、クリミアやウクライナに介入して、領土拡張をうかがいます（P88、94）。

中国の習近平《しゅうきんぺい》は、南シナ海に人工島を建設して海洋進出を強めるほか、台湾統一を目論みます。そのやり方は法を無視した力による現状変更です。

アメリカのトランプ前大統領は、「自国の利益を守る」という理由によって、自らの覇権に挑む国を抑え込みました。ところが、現在のバイデン大統領には地政学的リスクの認識がありません。プーチンと習近平はこれを見透かしています。

ちなみにプーチンは、「地政学的な問題は、イデオロギーとは何の関係もない」とはっきり述べています。イデオロギーという理想的な物語で語られる時代は終わって、かつての帝国主義時代のように地政学で考える時代になっているのです。

戦後のドイツと日本で封印された地政学

No.2

帝国主義のための理論だった

地政学の歴史を見てみましょう。

19世紀、欧米列強は領土や植民地を拡大するために世界各地で激しく争いました。いわゆる**帝国主義**です。そのとき、それぞれの国の事情に合わせて軍事的な戦略が研究されるようになりましたが、これが地政学と呼ばれるようになりました。

ですから、地政学とは「欧米の帝国主義と結びついて発展した理論」といえます。

地政学の基礎をきずいたマッキンダー

地政学の発展においてもっとも影響力のあった人物は、イギリスのマッキンダー（１８６１〜１９４７）です。

地政学の基本理念である「時代が変わっても変わらない要素が地理であり、地理的条件によって規制されることがたくさんある」ということに気づいたのが、マッキンダーでした。

マッキンダーはイギリスの学者なので、基本的にはシー・パワーのイギリスの戦略を考えていますが、そのなかで地政学のベースとなる普遍的な理論をいくつも唱えています。その中心が、１９０４年に示された「枢軸《すうじく》地域」という考え方です。１９１９年にはこれを**「ハート・ランド」**と呼び直しました。

ハート・ランドは、ユーラシア大陸の中心部で、ロシアの領域です。「ハート・ランド理論」はこれから本書で何度も出てきますが、かんたんにいうと、**「ハート・ランドを制するものは世界を制する」**という考え方になります。

マッキンダーと前後してアメリカで活躍したのが、アルフレッド・マハン（１８４０〜１９１４）です。彼は海軍少将までのぼりつめた軍人であり、海軍大学の学長を務めた学者でもあります。

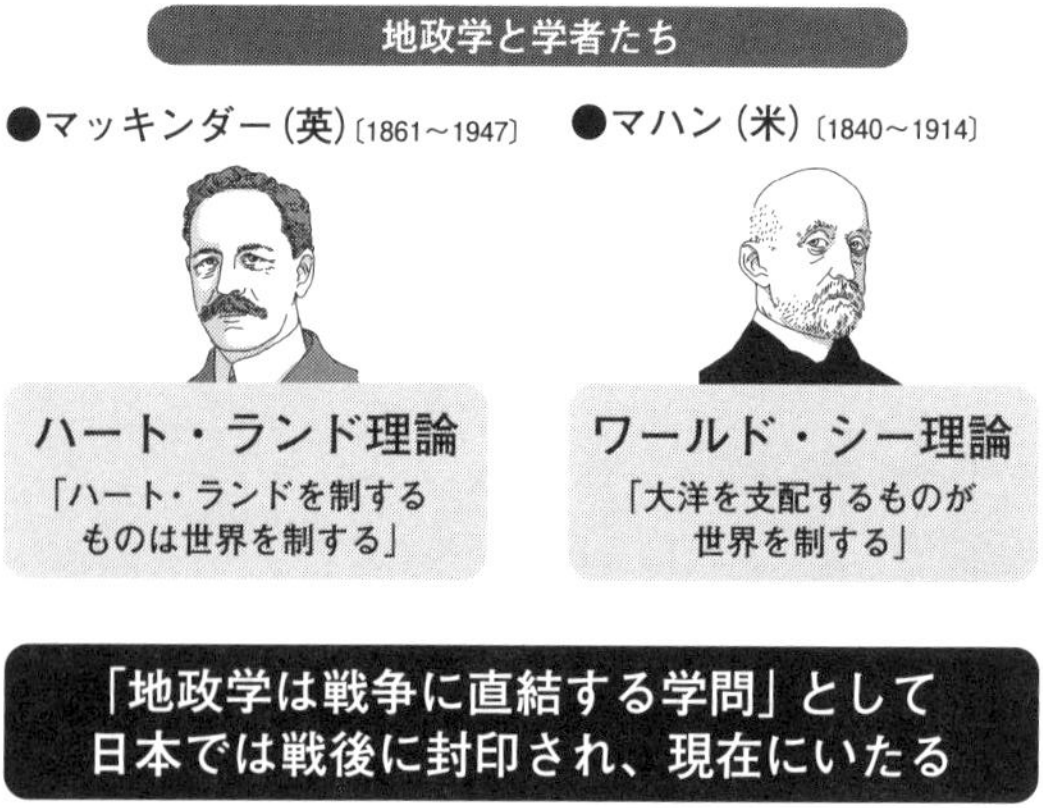
地政学と学者たち
●マッキンダー（英）〔1861～1947〕
●マハン（米）〔1840～1914〕
ハート・ランド理論
「ハート・ランドを制するものは世界を制する」
ワールド・シー理論
「大洋を支配するものが世界を制する」
「地政学は戦争に直結する学問」として日本では戦後に封印され、現在にいたる

マハンはシー・パワーのイギリスの戦略を研究した結果、大陸に着目したマッキンダーの「ハート・ランド理論」とは対照的に、海に着目した**「ワールド・シー理論」**にいきつきました。これはつまり、**「太平洋や大西洋など世界の大きな海洋を支配するものが世界を制する」**という考え方です。

マハンは、アメリカの戦術に大きな影響を与えています。アメリカはもともとはランド・パワーの国でしたが、マハンの理論をきっかけに、シー・パワーに転換していきました。

ナチスの基本哲学となっていた

一方、ドイツでは、フリードリッヒ・ラッツェル（１８４４～１９０４）とルドルフ・チェーレン（１８６４～１９２２）の２人によって地政学の基礎がきずかれました。

２人の考え方のベースには、「強いオオカミの群れが弱い群れのなわばりを奪う」という自然の法則があります。つまり、「先進的で優れた文化をもつ国は、それよりも劣る文化の国の領域を奪う」というものです。このような領域の拡大は自然なことであると考えました。

結局この考え方は、「先進的」な文化をもつドイツが、東欧やロシアのスラブ人の領域を支配することを正当化する根拠となりました。

第２次世界大戦前には、ハウスホーファー将軍（１８６９～１９４６）が活躍しました。彼は、毎週のラジオ番組を通して、ドイツの一般大衆に向けて地政学的なビジョンを広めました。具体的には、**ランド・パワーのドイツが向かうべき方向には東方拡大と植民地拡大があると唱えました。**こうした野心は国内の地主階級や工場経営者たちの願望と合致するものでした。

ハウスホーファーのビジョンは、ヒトラーの「強いドイツ」というビジョンと重なります。やがてハウスホーファーは、「ナチズムの哲学者」（1939年、『ライフ誌』）と呼ばれるようになります。しかしそのことが災いして、戦後、アメリカから戦犯として尋問を受ける屈辱を味わい、自ら命を絶つのです。

こうした歴史もあって、戦後、地政学は「ナチスの哲学」として危険視され、学問としての地政学はほぼ消滅させられてしまいます。

日本でも完全封印

日本の地政学はどうだったのでしょうか？

じつは戦前の日本は、**海外の地政学を輸入し、さまざまな地政学派が生まれていました**。なかでも影響が大きかったのは、アメリカのマハンの海洋戦術です。マハンの『海上権力史論』は伊藤博文の秘書官だった金子堅太郎《かねこけんたろう》によって翻訳され、明治天皇の勅令で全国の中学・高校・師範学校に配られました。日露戦争で活躍した海軍参謀の秋山真之《あきやまさねゆき》などは、アメリカ留学中に直接、マハンから学んでいます。

ドイツ地政学も人気があり、ラッツェルやチェーレンの理論も紹介されました。また、日本学の専門家でもあったハウスホーファーが示した「イギリスの世界支配に対抗するためには、アメリカ・ドイツ・ソ連・日本で世界を四分割する」という**パン・リージョン理論**から、「大東亜共栄圏」の構想が生まれたといいます。

ハウスホーファーは、日本のランド・パワー派に大きな影響を与え、それが実際に日独伊三国同盟や日ソ中立条約に結びつきました。

しかし、両国は大戦に敗れ、この苦い経験から、日本ではドイツと同じように、**「地政学は戦争に直結する学問だから扱わないほうがいい」と完全に封印されてしまったのです。**

２つの基本概念「シー・パワー」と「ランド・パワー」

No.3

シー・パワーとランド・パワー

地政学の基本概念をおさえておきましょう。

まず、すでに紹介したとおり、地政学では、**「シー・パワー（海洋国家）」**と**「ランド・パワー（大陸国家）」**の分類が基本となります。今日でもこの分類は有効で、世界の国々をシー・パワーなのかランド・パワーなのかという視点から見ることで、その戦略をより明確に分析することができます。

このシー・パワーとランド・パワーの分類をはじめて提示したのは、マッキンダーでした。

古来、ヨーロッパにとっては、フン族やマジャール人、モンゴル人などのランド・パワーが脅威となっていましたが、**大航海時代以降はスペインやポルトガル、さらにはオランダ、イギリスなどヨーロッパのシー・パワーが世界の覇権をにぎりました。**近代になると、鉄道の開通によって再びランド・パワーが台頭するようになります。それがロシアとドイツでした。

こうした流れをふまえたうえで、20世紀初頭のマッキンダーはランド・パワーのロシアとドイツの動きを警戒したのです。

ハート・ランドとワールド・シー

つづいて、「ハート・ランド」と「ワールド・シー」の理論を見てみましょう。

まず、マッキンダーが唱えた「ハート・ランド」ですが、これはどの地域にあたるかというと、**ユーラシア大陸の中央部で、ランド・パワーのロシアの領域**にあたります。

この地域を流れる大河は、黒海やカスピ海、オホーツク海へ注ぐ川をのぞくと、すべて北極海に注ぎます。しかし、北極海はつねに凍っているので、軍艦が入れません。

つまり、シー・パワーの軍艦が海から川をさかのぼってこの地域に侵攻することはできないのです。

だから、ここは難攻不落の安全地帯です。これが「ハート・ランド」の意味です。この安全地帯を持つ国は、絶対に倒れません。ここからマッキンダーは、「ハート・ランドを制するものは世界を制する」といったのです。

ところで、ハート・ランドを持つロシアは、守りの面では有利ですが、逆に攻撃では不利な面があります。冬でも凍らない港（不凍港）がなく、軍艦を外に向けて送り出す海上ルートがないからです。そこでロシアがとった政策が、**「南下政策」**です。**不凍港を求めて南へくだり、地中海へ出る海上ルートを確保する**。これがロシアの一貫した政策となりました（P84）。

一方、マッキンダーのハート・ランドと対照をなすのが、アメリカのマハンが唱えた「ワールド・シー」理論です。

これはハート・ランドの海洋版です。かつて、スペインやイギリスなど強大なシー・パワーを持った国が世界の覇権をにぎってきたことを重視し、「世界の大きな海洋を支配するものが世界を制する」と考えました。

ハート・ランド理論とワールド・シー理論

ハート・ランド理論		ワールド・シー理論
ユーラシア大陸中心地	場所	太平洋・大西洋など
リム・ランド（朝鮮半島、山東半島、インドシナ半島）	周辺地域の呼称	マージナル・シー（オホーツク海、ベーリング海、東シナ海、南シナ海）

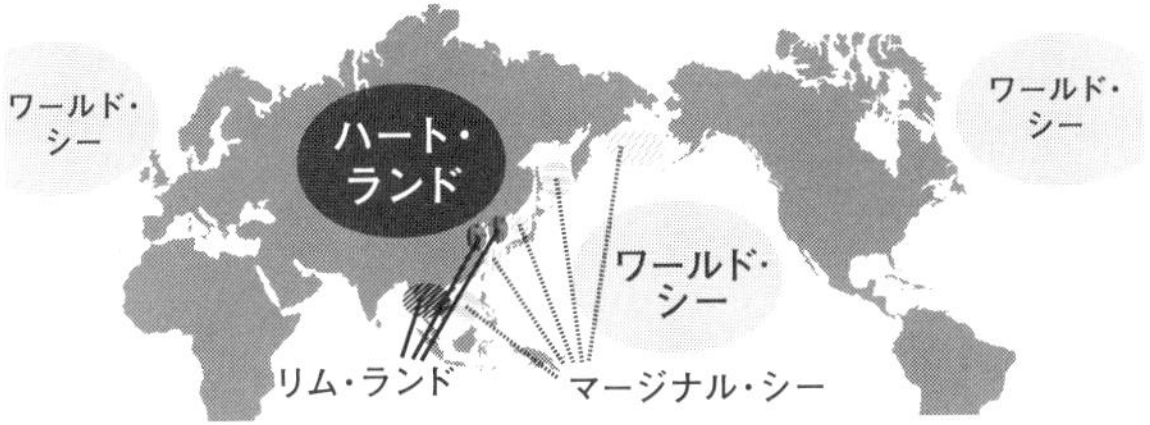

リム・ランドとマージナル・シー

ハート・ランドとワールド・シーには、それぞれ発展型として「リム・ランド」と「マージナル・シー」という考え方があります。

まずリム・ランドですが、これは**ハート・ランドの周辺地域（リム）を重視する考え方**です。

戦術の中心が陸軍と海軍の時代から、空軍の登場によりエア・パワーの時代に移ると、このリム・ランドの重要性がうかびあがってきました。

海軍と空軍があれば、まずはリム・ランドを支配し、そこから真ん中のハート・ランドを支配できると考えられたからです。つまり、**「リム・ランドを支配するものが、ハート・ランドを制する」**ということです。

リム・ランドには、ユーラシア大陸の東側なら、日本や台湾、朝鮮半島、中国の山《さん》東《とう》半島、インドシナ半島などがあります。オランダ出身のジャーナリストであるニコラス・スパイクマンは、この「リム・ランドの争奪が第2次世界大戦の原因になった」と指摘し、大戦後は「ソ連・中国がリム・ランドに進出する」と予言していました。その予言どおり、ソ連や中国の共産圏の拡大をおさえるため、リム・ランドを舞台とした朝鮮戦争やベトナム戦争が起きました。

一方、リム・ランドの海洋版が、**「マージナル・シー」**です。マージナル・シーとは、「縁海」のことです。大陸の外側の弧状列島や群島、半島によって囲まれた海のことです。つまりこれは、リム・ランドの周りの海ということになります。

リム・ランドの支配がハート・ランドの支配につながるように、マージナル・シーの支配がワールド・シーの支配につながります。さらには、**マージナル・シーの支配は、リム・ランドの支配にもなりますので、その先にハート・ランドの支配をうかがうことができます。**

ですから、マージナル・シーは地政学的にとても重要なスポットになります。

日本周辺にはマージナル・シーがならんでいます。北から、ベーリング海、オホーツク海、日本海、東シナ海、南シナ海へとつらなります。

そしていま、中国は東シナ海の尖閣《せんかく》諸島に圧力をかけ、南シナ海の南沙《なんさ》諸島でも領有権を主張して進出しています。中国の戦略は、マージナル・シーの支配からワールド・シーをうかがうというものになっています（P124）。

大国に見る地政学の基本戦略

No.4

バランス・オブ・パワー

ここでは、地政学にもとづく代表的な戦略を見てみましょう。

まず、**「バランス・オブ・パワー（勢力均衡）」**という考え方があります。

たとえば、シー・パワーのイギリスは、昔から一貫して、ヨーロッパ大陸に対してはバランス・オブ・パワーの戦略を適用しています。

具体的には、**「ヨーロッパ大陸に覇権を求めない。ただし、ヨーロッパに強力な単一国家があらわれたときにはイギリスの脅威になるので戦う」**というものです。このようにして、ヨーロッパ大陸内でそれぞれの国の力が拮抗するようにしています。この戦略が、「バランス・オブ・パワー」であり、「オフショア・バランシング」ともいわれます。

この戦略にしたがって、イギリスは基本的に強大化した国家とだけ戦ってきました。無敵艦隊のスペイン、ナポレオンのフランス、第1次世界大戦と第2次世界大戦のドイツ、冷戦期のソ連です。これらの国を叩いて弱体化させるだけで、無用にヨーロッパ大陸に侵攻したことはありません。

かつて7つの海を海軍力によって制覇し、「世界帝国をきずいた」といわれたときでも、イギリスはヨーロッパ大陸を直接支配していたわけではないのです。

シー・レーンとチョーク・ポイント

もう1つ、イギリスの地政学的戦略から「シー・レーン」について見てみましょう。

イギリスは7つの海を支配しましたが、それは大洋の全体をくまなく支配したわけではありません。基本的には、**自国の貿易を守るための安全な海上交通路である「シー・レーン」を確保した**、ということになります。

世界のチョーク・ポイントとシー・レーン

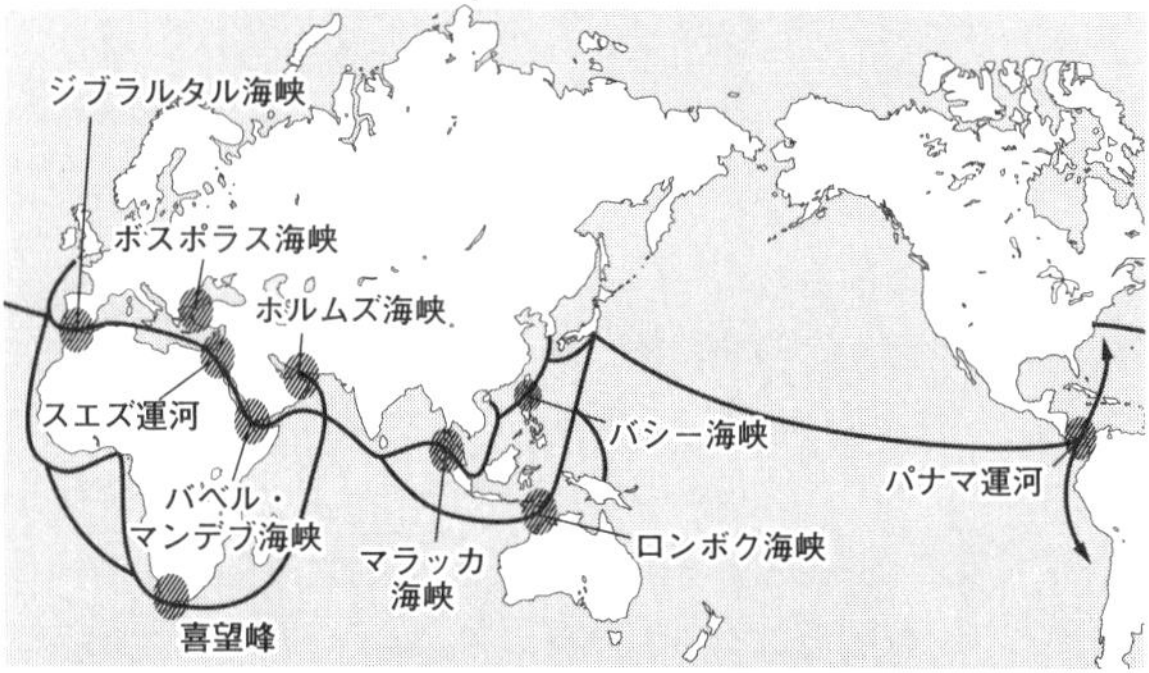

シー・パワーの国家にとって、シー・レーンの確保は重要

具体的には、ジブラルタル海峡から喜《き》望《ぼう》峰《ほう》、中東、インド、マラッカ海峡、香港にいたる海上交通の要衝をおさえ、アフリカ大陸とユーラシア大陸をとり囲むようにシー・レーンをきずきました。

ちなみに、イギリスはシー・レーンをきずいて、アフリカ大陸とユーラシア大陸のリム・ランドとマージナル・シーをおさえたことになります。当時、ユーラシア大陸の中心部にはランド・パワーのロシアがいました。この2つの大国が内側と外側からぶつかり覇権争いをしていたわけですが、このことを**「グレート・ゲーム」**と呼びます（P37）。

また、シー・レーンに関連して、**「チョー

ク・ポイント」という戦略があります。

「チョーク（choke）」とは、「首をしめる」という意味で、ここをしめると相手は抵抗できなくなるポイントになります。

シー・レーンをおさえるとき、**その要衝となる海峡や運河**があります。ここをおさえれば、最小限の海軍で効果的に支配できるというポイントです。これがチョーク・ポイントです。

世界のチョーク・ポイントとしては、ジブラルタル海峡、ボスポラス海峡、スエズ運河、バベル・マンデブ海峡、ホルムズ海峡、マラッカ海峡、バシー海峡、パナマ運河などがあげられています。

バッファゾーン

地政学では、**「バッファゾーン（緩衝地帯）」**という考え方も重要です。

バッファゾーンとは、いわば大国と大国のあいだにはさまれた中間地帯です。

大国は、敵国からの直接の侵攻を防ぐため、周辺の地域をバッファゾーンとと

世界の主なバッファゾーン

大国同士の代理戦争が起き、紛争地帯になりやすい

え、その地域を影響下におこうとします。しかし、ほかの国もバッファゾーンに干渉してきますので、衝突が起きやすくなります。つまり、**バッファゾーンでは大国と大国の代理戦争が起き、紛争地域になることが多い**のです。

たとえば、日本にとってのバッファゾーンには朝鮮半島があります。日本は中国大陸にあらわれる歴代帝国の脅威につねにさらされてきましたが、あいだにバッファゾーンの朝鮮半島があったので、直接の侵攻をほとんど防ぐことができました。

19世紀後半は清国と対峙しましたが、もし清が朝鮮半島を支配してしまえば日本への脅威になりますので、日本は朝鮮半島で清と戦いました。これが日清戦争（１８９４）です。

その後、南下してきた大国ロシアが脅威となったため、また朝鮮半島でロシアと戦いました。これが日露戦争（１９０４）です。

日本にとってこの２つの戦争は、**バッファゾーンの朝鮮半島を大国に支配されないための戦い**だったのです。

日本の戦術に誤りがあったとすれば、日韓併合後に朝鮮半島を日本と同じような近代国家とするために多大な投資をしたことです。朝鮮半島を純粋なバッファゾーンと考えるなら、軍事拠点だけを展開しておけばよかった、という考え方があります。

同じように、ヨーロッパのバッファゾーンとしては、東欧諸国があります。東欧は西側と東側の中間地帯で、昔から両勢力がぶつかる紛争地域となってきました。

旧ソ連は、西側のＮＡＴＯからの直接の攻撃をさけるため、バルト3国（エストニア、ラトビア、リトアニア）やポーランドなどに親ソ政権を樹立して、バッファゾーンとしました。そして現在、ロシアはウクライナへの圧力を強めていますが、これもＥＵとのバッファゾーンを構築するための戦略となっています（P94）。

2つのハート・ランドにはさまれた要衝とは？

No.5

ハート・ランドとグレート・ゲーム

イギリスのマッキンダーが唱えた「ハート・ランド」（P25）について、もう少し詳しく見てみましょう。

ハート・ランドは、ユーラシア大陸の中央部に位置します。マッキンダーは、この地域を制するには、東欧の支配が前提になると考えました。つまり、**「東欧を制するものはハート・ランドを制する。ハート・ランドを制するものは世界を制する」**というテーゼになります。

マッキンダーがなぜこのようなテーゼを立てたかというと、当時、勢力を拡大していたドイツが東欧を足がかりにソ連（ロシア）に侵攻することを警戒していたからです。彼は、「ドイツを抑え込むには、ソ連と同盟を結ぶべき」ということを唱えました。

実際、第2次世界大戦にさいして、ドイツは東欧諸国を併合してソ連に侵攻をはじめましたが、イギリスはソ連と軍事同盟を結んでドイツの東方拡大を防ぐことになりました。

さて、少し戻りまして、19世紀後半の世界情勢を見てみましょう。

まずロシアがハート・ランドを支配しています。そして、イギリスはアフリカ大陸からユーラシア大陸にかけた沿岸をとり囲むようにシー・レーン（P31）を構築し、この一帯に植民地帝国をきずいています。イギリス艦隊はハート・ランドに侵入できません。

一方のロシアは、鉄道を敷設して大陸の外に向かって膨張をはじめていて、イギリスの脅威となりはじめていました。

ここでイギリスとロシアという2つの大国が覇権争いを演じるわけですが、先にもふれたように、これが**「グレート・ゲーム」**です。この用語は、イギリス東インド会社の情報将校アーサー・コノリーが最初に使いました。

このときのイギリスとロシアの「グレート・ゲーム」を具体的に見ると、バルカン半島における**クリミア戦争**（1853～1856）から中央アジアにおける**第2次アフガン戦争**（1878～1881）、そしてさいごに**日露戦争**（1904～1905）があります。日露戦争は、日英同盟を背景として日本が戦った、イギリスのためのグレート・ゲームの1つでした。

その後、大国間のグレート・ゲームは、冷戦時代のアメリカとソ連が演じました。そして現代では、中東が1つの舞台となっていますし、アメリカとロシア、アメリカと中国の戦いとなっています。

南のハート・ランドとの接続地域

じつはマッキンダーは、ハート・ランドをもう1つあげています。それはアフリカ大陸で、**サハラ砂漠より南方のアフリカ**です。ここは住むのがとても難しいけれど、豊かな資源のある地域だからです。

ユーラシア大陸の中心部が「北のハート・ランド」だとすれば、アフリカ大陸の南部は「南のハート・ランド」ということになります。

南北のハート・ランド

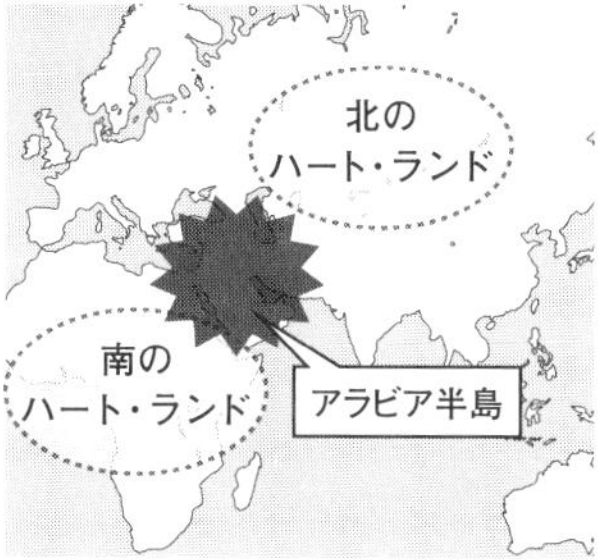

ポイントは
「2つのハート・ランド」
の中間地帯
＝
現代の紛争の舞台は
アラビア半島

重要なのは、北のハート・ランドと南のハート・ランドにはさまれた地域です。なぜなら、この地域をおさえることができれば、南北2つのハート・ランドに影響を及ぼすことができるからです。

では、**南北のハート・ランドのあいだにあるのはなにかというと、アラビア半島です**。アラビア半島のアラビア砂漠は、昔から隊商貿易などが行われていたことからわかるように、通行が比較的容易なので2つのハート・ランドを行き来するには都合がいいです。ですから、地政学的にはアラビア半島をおさえることがとても重要になります。

マッキンダーはこのことを石油資源が大量に発見される前から指摘していました。つまり、**アラビア半島は石油資源があるから重要なのではなく、地政学的な理由から重要なのです**。

現代のグレート・ゲーム

アラビア半島は、南北のハート・ランドをつなぐだけではありません。ヨーロッパとアジアをもつないでいます。なかでも、アラビア半島の付け根にある**エルサレム**は、世界の中心ともいえる位置にあります。

マッキンダーは、「エルサレムの丘陵こそは、まさに世界の現実に照らしてみて戦略上の拠点というべきであり、その点で中世の見方と本質的な大差はない」といっています。

ここは、昔からさまざまな文明が交差する要衝でしたから、**ここをおさえれば、世界全体を制することができるというわけです**。逆にいえば、争いが起きやすくなるので、最悪の土地ともいえます。これは現代のパレスチナ問題にも関係する話です。２０２３年10月には、イスラエル・ガザ戦争が勃発しました（Ｐ２１９）。

一方、アラビア半島の北方に位置する平野も重要な要衝です。ユーフラテス川流域からペルシア湾につながる一帯です。ここは肥沃な農耕地帯で、メソポタミア文明発祥の地です。

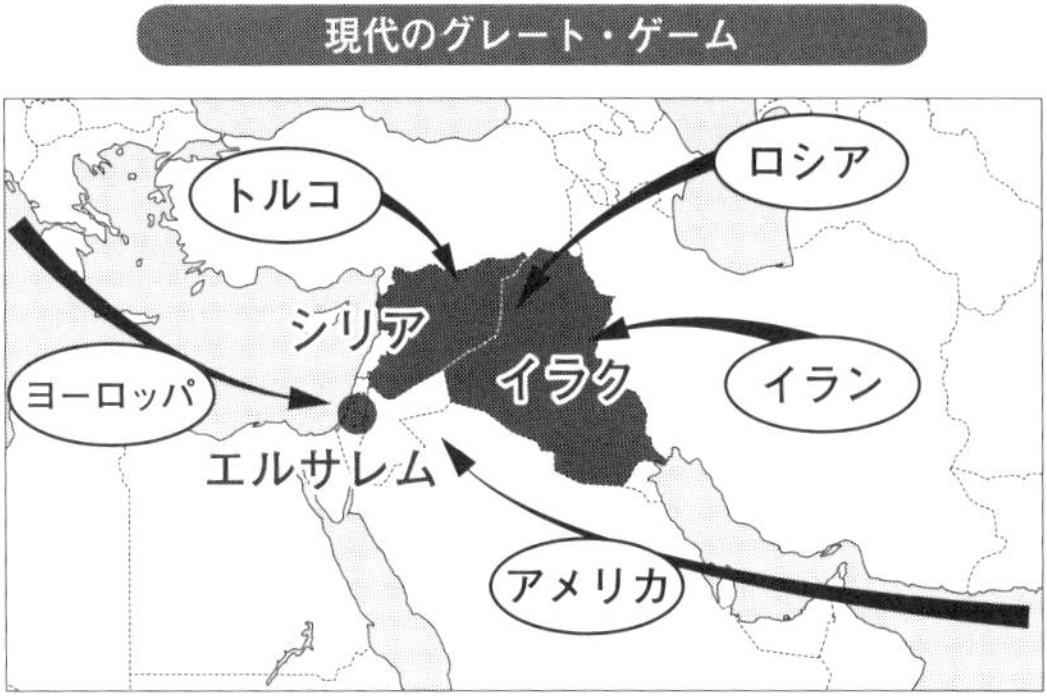

現代のグレート・ゲームの舞台は中東・アラビア半島

立体的に見ると、この地域は東のイラン高原や南のアラビア半島の高台から見下ろす恰好になっています。山は守りやすいですが、平地は守りにくい。ですから、周辺の高台の遊牧民族や騎馬民族などがたびたび侵入し、征服するということが昔から起きてきました。

地図で見ると、ここは**イラクやシリア**です。現代の「グレート・ゲーム」が展開されている地域です。ロシア、イラン、トルコ、IS、シリア、アメリカ、ヨーロッパなど、これほど多くの勢力が乗り込んでいるのも、地政学的に魅力的な土地だからです。詳しくは、第6章で見てみましょう。

第2章

世界をかき回す覇権国家

アメリカの地政学

ランド・パワーで「新世界」を支配した人工国家アメリカ

No.1

世界のメインプレーヤー

第2次世界大戦以降の世界のメインプレーヤーは、アメリカです。とくに、ロシア（ソ連）との冷戦に勝利してからは、アメリカの一極支配の時代となりました。しかし、9・11からイラク戦争後の中東の混乱、リーマン・ショックをへて、**その絶対的なパワーにも陰りが見えはじめています**。

とはいえ、いまだアメリカが世界のトップに君臨していることには変わりありません。そして日本にとってはアメリカは同盟国であり、安全保障や経済の面でもっとも重要なパートナーです。

そこでまずはじめに、アメリカの地政学を見てみましょう。2017年にトランプ政権が誕生してから世界は激変し、その後バイデン政権となり、ますます先が読みにくくなっていますが、アメリカの一貫した地政学的戦略をおさえることで、いまなにが起きているのかが見えてきます。

孤立主義の本質は「囲い込み戦略」

アメリカという国は、17世紀にイギリスから追われてやってきたピューリタン（イギリスのカルヴァン派）らが住み着いてできた人工国家です。いわば、**イギリスの「移民」によってはじまったのがアメリカという国です**。

彼らは、イギリス本国からの干渉を受けずに自分たちの「理想国家」をきずこうと考えました。この考えが、18世紀後半の独立戦争の原動力となりました。

建国当時のアメリカは、わずかに東海岸を治めるにすぎませんでしたが、ここから急激に膨張します。

アメリカの膨張政策には大きく2段階あり、**第1段階はランド・パワーの膨張で、**

第2段階はシー・パワーの膨張です。

まず第1段階のランド・パワーの膨張ですが、ここでは南北アメリカ大陸の支配をめざします。なぜ、南北アメリカ大陸かというと、アメリカ人のなかには、南北アメリカ大陸は「新世界」であり、ヨーロッパやアジアの「旧世界」とは違うという見方があるからです。アメリカ人には、旧世界から新世界へ「理想国家」をつくるためにやってきたという自負があって、南北アメリカ大陸は自分たちのもの、という考えがあります。

建国後のアメリカは、イギリスやフランス、スペインから土地を譲り受けたり、購入したりしながら領土を西へ西へと拡大し、先住民を追い払いながら西部を開拓しました。

このとき西部開拓を正当化した考え方が、**「明白な天命（マニフェスト・デスティニー）」**です。「西部開拓は神によって割り当てられたものだから正しい」としました。

一方、対外的に示した考え方が**「モンロー主義（孤立主義）」**です。これは、第5代アメリカ大統領のモンローが年次教書（議会報告）で示した「モンロー宣言」（1823）がもとになっています。

アメリカの誕生とモンロー主義

イギリスからの移民

⬇

東海岸から西海岸へ、
さらに南北アメリカ大陸へ

●その歴史から生まれた２つの考え方

明白な天命
（マニフェスト・デスティニー）

⇒開拓行為の正当化

モンロー主義
（孤立主義）

⇒ヨーロッパや
ロシアの
排除が目的

モンロー大統領

モンロー宣言とはなにかというと、「アメリカはヨーロッパのことには口を出さないから、かわりに、ヨーロッパの国々はアメリカ大陸のことに手を出さないでくれ」というものです。ヨーロッパ諸国に、アメリカ大陸への干渉をひかえるように求めたものでした。

モンロー主義は、一般に「孤立主義」といわれます。たしかに、ヨーロッパから距離をとるという意味では孤立主義ですが、**本質的な狙いは、ヨーロッパ勢力をアメリカ大陸から排除すること**です。「モンロー主義（孤立主義）＝アメリカ大陸の囲い込み戦略」といえます。

大西洋から太平洋に到達！

当時、モンロー宣言の直接的なターゲットは**メキシコ**と**アラスカ**でした。

メキシコなどの中南米諸国では、スペインからの独立運動が起きていて、アメリカはこうした独立運動を支援して、ヨーロッパ勢力を排除しようとしました。だから、モンロー宣言でヨーロッパ諸国に対し、「アメリカ大陸のことに手を出さないように」といったのです。

アメリカは、ヨーロッパ勢力を排除しながら支配領域を広げていきます。もともとアメリカの西海岸（現在のテキサス州からカリフォルニア州）はメキシコの領土でしたが、メキシコに戦争をしかけて（米墨戦争、１８４６）、ここを奪いました。これによってアメリカは、はじめて大西洋から太平洋にまたがる国家となりました。

もう1つ、モンロー宣言がターゲットとしていたのがアラスカです。当時、アラスカはロシアの領土で、ロシアがそこから南下政策をとって迫ってくる恐れがありました。

そこでモンロー宣言でロシアを牽制したうえで、１８６７年にロシアからアラスカを購入しました。当時はアラスカそのものにはたいした価値はありませんでしたが、アメリカ大陸からロシアを排除したことはたいへんな意味がありました。もしも冷戦時代にソ連がアラスカに居座ったままだったら、一帯は非常に緊迫した状況に陥っていたでしょう。

こうしてヨーロッパ勢力を排除し、北アメリカ大陸をほぼ囲い込むことに成功したアメリカですが、新たな課題にぶつかります。ランド・パワーとして開拓すべき土地がなくなってしまったのです。フロンティアの消滅です。

ここから第2段階に入ります。**ランド・パワーからシー・パワーに転換し、「新世界」の外へ、世界覇権をめざして動き出すのです。**

世界中に軍事拠点をきずく アメリカ型シー・パワー戦略

No.2

世界に「自由」を広める天命がある!?

大西洋から太平洋に達したアメリカは、海の向こうに新たなフロンティアを見出します。しかし、海の向こうのフロンティアを開拓するにも、その理由が必要です。そこでアメリカ人は、西部開拓時の「明白な天命（マニフェスト・デスティニー）」を拡大解釈します。つまり、**「自分たちには世界に自由・人権・民主主義を広める天命がある」といい、世界進出を正当化する**わけです。ここから第2段階のシー・パワーの膨張がはじまります。

孤立した「巨大な島国」だった

アメリカのシー・パワーを地政学的に理論づけたのは、海軍大学校の学長で軍人のマハン（P19）です。

マハンは、シー・パワーの大国が世界の覇権をにぎってきた歴史を根拠に、シー・パワーの重要性を説き、太平洋や大西洋といった「世界の大きな海洋を支配するものが世界を制する」と訴えました（ワールド・シー理論）。そして、**ハワイやフィリピンに軍事拠点を建設することや、パナマ運河を建設してカリブ海をアメリカ海軍の内海とすることを勧めました**。

アメリカは、このマハンのプランにそって世界進出を進めていきます。

1898年、アメリカはハワイ王国を併合します。ハワイには、のちにアメリカ太平洋艦隊の基地が建設されました。また同年、キューバの独立をめぐってスペインに戦いをしかけ（米西戦争、1898）、フィリピンやグアムを領有しました。フィリピンでの戦いでは、太平洋上のハワイの軍事拠点としての重要性が改めて認識されました。さらに、中南米諸国を恫喝してパナマ運河を建設し、カリブ海を支配します。

ちなみに、アメリカ人には中南米を自分たちの**「バックヤード」（裏庭）**とする考えがあります。ですから、「裏庭」にソ連が接近したキューバ危機（１９６２）は、たいへんなショックを与えたのです。

世界進出を進めるアメリカは、ヨーロッパ列強のような領土拡張政策をとりませんでした。あくまでも「孤立主義」を基本とし、領土をめぐってヨーロッパの国々と争うことはしませんでした。アメリカは、「自由」の普及のために世界に出ているのだという姿勢を貫きます。

ではどうしたかというと、**世界各地に軍事拠点をきずくことを基本政策とします**。これには、地政学的な理由があります。

北アメリカ大陸をまるごと支配するアメリカは、見方によっては「巨大な島国」ということができます。「島国」なのでシー・パワーになるのは当然です。**巨大な島国・アメリカの地政学的特色は、ヨーロッパやアジアから遠く、孤立している**ことです。世界覇権をめざすうえで、孤立した島国は不利です。大洋にはさまれているので防衛上は非常に有利ですが、攻撃するときには戦力を運ぶだけでもたいへんで不利になります。

「島国」アメリカのシー・パワーの膨張

領土は拡大せず、各地に軍事拠点を置く

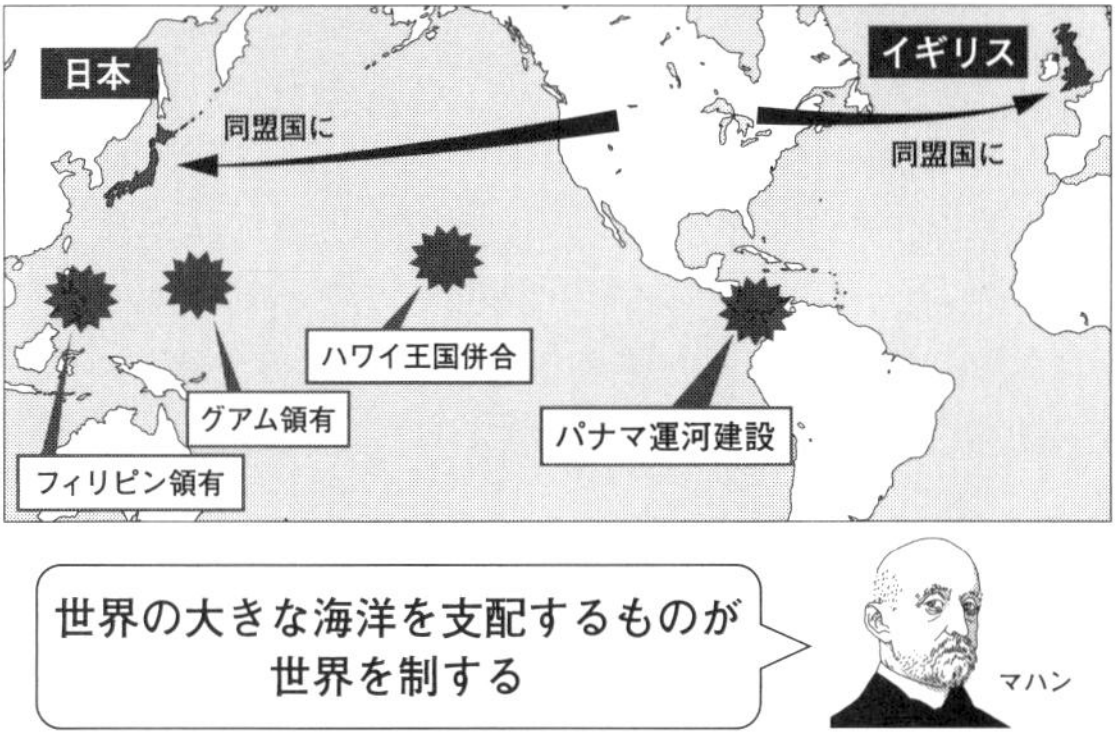

そこでアメリカは、世界各地に軍事拠点をきずくことにしました。つまり、**軍の諸活動を支援する「兵站《へいたん》」（ロジスティクス）を各地においていく**のです。兵站に適しているのは、安全で技術力にすぐれた国です。

では、アメリカにとって最適な兵站はどこかというと、ユーラシア大陸の両端にある**日本**と**イギリス**です。安全で技術力がある両国は、兵站の条件を満たしていて、シー・パワーの同盟国として信頼がおけるのです。

ペリーの黒船が日本を開国させたのも、本当の狙いは日本ではなく、中国でした。中国と関係をきずくにあたって、海運上

の拠点が必要だったのです。最終的には２つの大戦をへて、アメリカは日本に軍事拠点をきずくことに成功しています。在日米軍は、アメリカの世界戦略で欠くことのできない存在となっています。

善悪二元論で「正義の戦い」とする

アメリカは、第１次世界大戦でも第２次世界大戦でも、当初は参戦していません。ヨーロッパのもめごとには口を出さない「孤立主義」をつらぬく姿勢を見せました。ただ、参戦の口実を探しています。そのときのロジックが、善悪二元論です。**アメリカはいつも「善」であり、アメリカにはむかう者を「悪」とします**。長いあいだ互いに衝突を繰り返してきたヨーロッパの国々は、国益を第一に考え、国益のためなら誰とでも手を組むリアルな外交をしますが、アメリカは善悪で色分けし、「悪」と戦います。善悪二元論というロジックを使って、「正義の戦い」というスローガンに落とし込むのです。

第１次世界大戦では、イギリスの船舶がドイツの潜水艦から無差別に攻撃され、アメリカ人が犠牲になったこと、そして海上交通と交易がさまたげられたことから、ドイツを「悪」として参戦しました。アメリカがヨーロッパの戦争に干渉したのは、これがはじめてでした。

また第2次世界大戦では、日本の真珠湾攻撃をきっかけに、日本やドイツのファシズムを「悪」として参戦しました。ただ、それ以前にアメリカとイギリスはナチス打倒と戦後処理の構想を「大西洋憲章」で合意していて、アメリカの参戦はあらかじめ決まっていたことでした。参戦口実だけを探していたのです。

善悪二元論というロジックは、そのあとも繰り返し活用されていきます。

No.3

「世界の警察官」として世界覇権をにぎる

シー・パワー&エア・パワー

戦後のアメリカは、世界各地に軍事拠点をおき、シー・パワーとともに空軍のエア・パワーを展開しました。**「世界の警察官」**を自任し、あちこちに目を光らせました。

そして、善悪二元論のロジックで「悪」の勢力を見出しては、「自由・人権・民主主義」を守るという口実でいくつもの戦争に関わります。冷戦時代は「ソ連」、9・11以降は「イスラム過激派」、そして近年は「ロシア」や「中国」が「悪」です。「正義のために悪をたおす」という構図は一見すると正当に見えますが、そこには多くの矛盾もはらんでいました。

シー・パワー&エア・パワーで世界覇権をにぎった戦後アメリカの戦略を見ていきます。

本質はイデオロギー対立ではない

戦後の冷戦構造は、「自由主義（アメリカ）と共産主義（ソ連）のイデオロギーの対立」と見られています。しかしこれは表面的な見方でしかありません。**本質は、「シー・パワーのアメリカとランド・パワーのソ連の対立」**と見なければいけません。

ランド・パワーのソ連が、キューバを拠点にシー・パワーのアメリカに圧力をかけようとした試みは失敗に終わりました（キューバ危機）。しかし、ランド・パワーの王道をいったときのソ連は強いです。ソ連は、ユーラシア大陸の中心（ハート・ランド）から、周辺のリム・ランドに進出し、マージナル・シーをおさえようとします。アメリカはこれを迎え撃つわけですが、それが朝鮮半島では朝鮮戦争となり、インドシナ半島ではベトナム戦争となりました。

朝鮮戦争（P224）は、北緯38度線で休戦状態となり、引き分けとなりました。

北朝鮮に対しては、ランド・パワーのソ連とともに中国が支援したので、アメリカはこれをたおすことはできませんでした。

ベトナム戦争（P235）は、ソ連が支援する北ベトナムが南北統一をめざしたのに対し、アメリカは「アジアでの共産主義の拡大を防ぎ、自由と民主主義を守る」という口実で参戦しました。アメリカは南ベトナムを支援し、50万人もの地上軍を投入しました。しかし、北ベトナムや南ベトナム解放民族戦線が展開するゲリラ戦に苦戦し、撤退を余儀なくされます。

ベトナム戦争では、「自由と民主主義を守る」という大義が疑われました。アメリカ国内はもとより、世界中で反戦運動が拡大し、非難の声が高まった戦争です。

しかし、**シー・パワーで世界覇権をねらうアメリカにとっては、朝鮮戦争とベトナム戦争はどうしても避けられない戦争**でした。ソ連のリム・ランドへの進出は絶対に防がないといけませんし、ユーラシア大陸周辺の拠点をつないで、マージナル・シーとリム・ランドを支配するには必要だったのです。

中東の混乱を誘発した⁉

「世界の警察官」として各地に介入するアメリカ

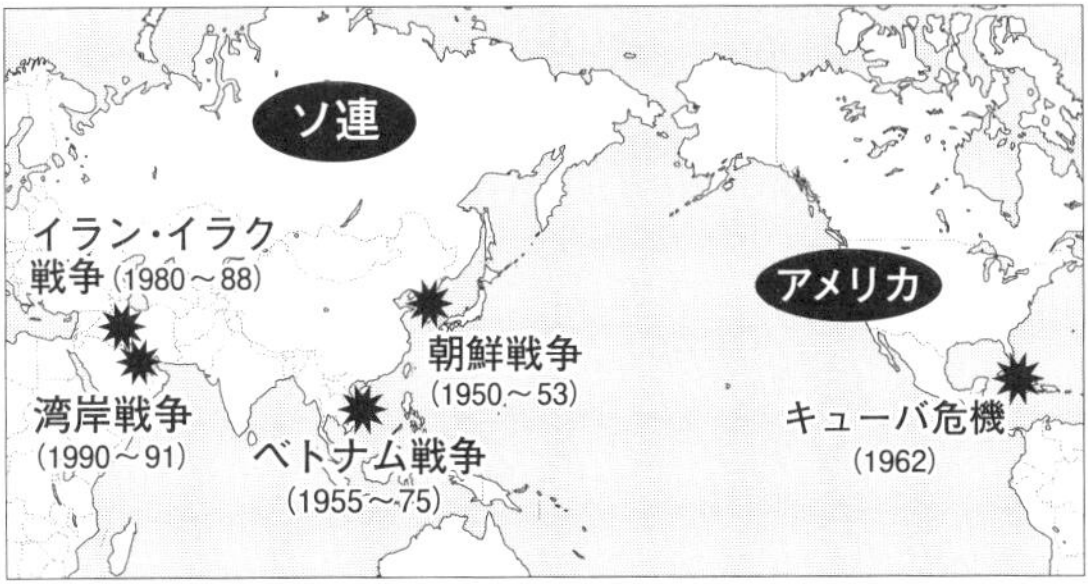

戦後、ランド・パワーのソ連と各地で対立

↓

世界にテロを増幅させる結果になる

アメリカとソ連のせめぎ合いは中東でも起きました。アメリカは、イランやサウジアラビアを通して中東での存在感を維持していましたが、そのうちのイランで革命が起き（P200）、撤退を余儀なくされました。するとソ連が南下してきました（アフガニスタン侵攻、1979）。これに対しアメリカは、イスラム原理主義のゲリラに高性能の武器を提供して応援しました。

一方、アメリカはイラクに大規模な武力支援をして、イランの革命政権を倒そうとしましたが（イラン・イラク戦争）、1988年に停戦となりました。するとイラン・イラク戦争で経済破綻したイラクは、石油が豊富な隣国クウェートに侵攻します。クウェートは、イギリスが石油利権を手に入れるため人工的につくられた国です。イラクとしては、クウェートは自分たちの領土という考えがありました。

しかし、「世界の警察官」であるアメリカはこれを許しません。そもそもイラクを経済的に追いつめたのはアメリカだから、イラクのクウェート侵攻は自分たちが引き起こしたようなものなのですが、アメリカはイラクのフセイン政権を「悪」として、多国籍軍を結成して攻撃しました。これが**湾岸戦争**です（１９９０）。イラクはすぐに撤退して、このときは大事にはいたりませんでした。

冷戦が終わって、米ソの対立は解消し、アメリカの一極支配体制となりました。ただ長くはつづきません。９・11米同時多発テロ以降は「イスラム過激派」という新たな「悪」があらわれ、「対テロ戦争」がはじまります。

「イスラム過激派」というのはアメリカが自ら生んだものといえます。前述のように、９・11テロを主導したとされるアルカイダは、ソ連のアフガン侵攻のときにアメリカが支援したイスラム原理主義者たちが結成したものです。ソ連との戦いで自信を深めた彼らは、ジハード（聖戦）戦士を養成し、強力なテロ組織となりました。それがまわりまわって欧米をターゲットとした無差別テロを起こしていくわけです。

また、アメリカは大量破壊兵器の保有を理由（あとでウソと判明）にイラク戦争をしかけフセイン政権を崩壊させましたが、**バランスを失ったイラク国内はかえって混沌としました**。反米感情が強まるとともにテロが頻発しました。つまり、アメリカが自らイスラム過激派を勢いづかせたのです。

「対テロ戦争」でテロを増幅させたアメリカ。**オバマ政権になると、戦後のアメリカの基本戦略を転換し、「世界の警察官」という看板をおろします**。中東やヨーロッパ、アジアの戦争には介入しない。「もう余計なトラブルには巻き込まれたくない」ということです。これはなにかというと、戦前のモンロー主義（孤立主義）への回帰です。

ところが、地政学のルールに、「引いたら、押される」というものがあります。オバマ政権の孤立主義によってアメリカは引きました。すると**世界各地で反米勢力が勢いづきました**。中国は東シナ海・南シナ海に進出し、ロシアはクリミアを併合し、ウクライナに勢力を拡大しました。米軍の撤退でイラクとシリアが内戦状態になると、そこにイスラム過激派のＩＳ（イスラム国）があらわれました。

こうした混沌とした状況に登場したのが、トランプでした。

オフショア・バランシングで有利なパワー・バランスをつくる

No.4

トランプのオフショア・バランシング

トランプは「アメリカ第一主義」の観点から、アメリカの覇権をおびやかすターゲットを明確にし、そのターゲットを確実に追いつめていきました。そのときの戦略としたのが「オフショア・バランシング」です。ここではトランプ流の「オフショア・バランシング」を見てみましょう。

トランプは、「世界の警察官」としての役割を負うつもりはありません。この点ではオバマ政権と同じです。ただ、オバマ政権では平和主義・消極主義の性格が強く、結果的に世界各地で反米勢力を勢いづかせてしまいました。これに対しトランプは、圧力をかけるべきターゲットには積極的に圧力をかけました。

そのとき、「アメリカ国民がもう世界のために犠牲になったり、お金を出したりしなくていい」という**アメリカ第一主義の考え**から、必要以上に軍を投入することはありません。アメリカが全面的に介入しなくても、**沖合（オフショア）からコントロールしながら、地域のことは地域のパートナーにまかせ、相対的にアメリカに有利な勢力均衡が成立すれば、それでよし**とします。

これがトランプ流の「オフショア・バランシング」です。イギリスの伝統的な「バランス・オブ・パワー」の考え方と似ています。

アサド・ロシアと組みＩＳ壊滅に成功

トランプが最初のターゲットとしたのは、ＩＳ（イスラム国）でした。ＩＳを徹底的につぶすため、ロシアやシリアのアサド政権と手を組んで追いつめる戦略をとりました。

オバマ政権では、アサド政権打倒を掲げ、アサド政権とも、それを支援するロシア

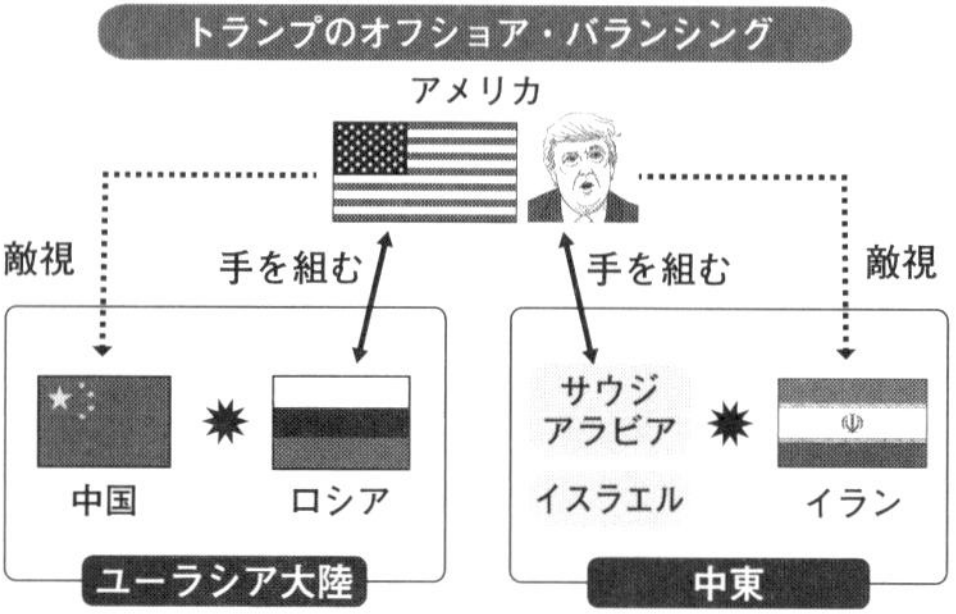

沖合（オフショア）からコントロールしつつ
各地域の問題は各々に任せる方針

とも対立していましたが、これは結果的にアサド政権と対立するＩＳに有利な状況をつくり出していました。ですからトランプは、戦略を転換して、アサド・ロシアと組んだのです。

また、オフショア・バランシングの戦略から、シリア内戦には干渉しないとしました。「外国の政権を打倒することに血道を上げるのを止めなければならない」とトランプはいっています。

ところが、アサド政権が化学兵器を使用したとして、２０１７年４月にシリアの空軍基地に対するミサイル攻撃を加えました。この攻撃は、**「レッドラインをこえたら叩く」**というメッセージを世界（とくに北朝鮮や中国）に発信する意味が強かったと思われます。

２０１７年10月、アメリカ軍の支援をうけたシリア民主軍は、ＩＳの首都ラッカを解放し、ＩＳは事実上崩壊しました。これでトランプの１つの目的が達成されたといえます。

事実上ＩＳが崩壊したことから、トランプは中東への関与を低めていきました。これにより中東では、かつて覇権を争ったトルコ（オスマン帝国）とイラン（ペルシア帝国）、サウジアラビアが争う形に転換。トランプは、核武装阻止の観点からイランと距離をとる一方で、**イランを敵視するサウジアラビアやイスラエルと手を組んで、オフショアから中東をコントロールしました。**

イラン・北朝鮮の核武装阻止

オフショア・バランシングでは、脅威となる勢力がでてきたら、しっかりと叩きます。トランプが脅威と見たのは、イランと北朝鮮の核武装であり、次項（Ｐ68）で取り上げる中国でした。

トランプは、イランと北朝鮮の核開発を防ごうとします。そのとき大事なことは、両国を同時に叩くことでした。**イランと北朝鮮は核開発で協力関係にあるので、両に**

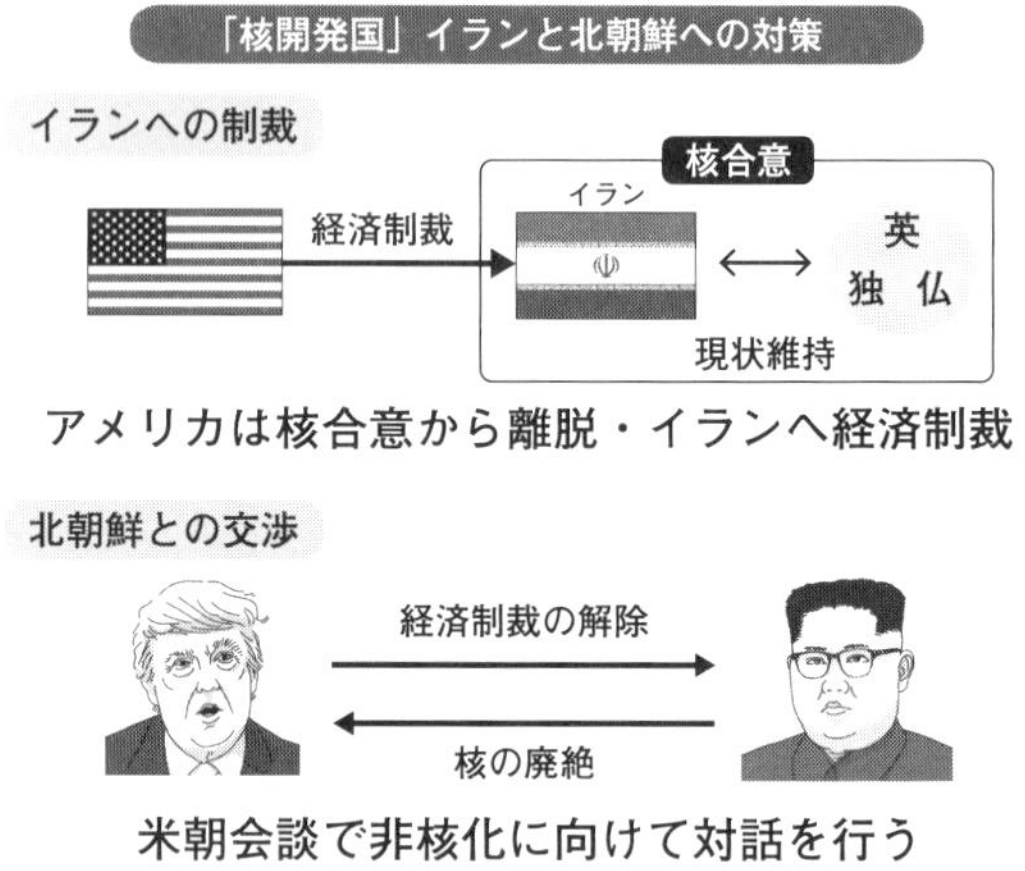

らみで進めていかないと意味がないのです。

まずイランですが、オバマ政権時代の２０１５年７月、イランと国連安保理常任理事国など６か国（米英仏独中ロ）の核協議をへて、最終合意にいたりました。

この核合意は、当初から問題点が指摘されていました。核開発は制限されますが、２０２５年から段階的に解除されることです。また、イラン国内にはウラン濃縮装置など核関連施設が残り、核開発計画を完全につぶすにはいたりません。イランは核開発を再開する可能性を残しています。

トランプは、「現行の欠点だらけの合意を補完する新たな合意」を結ぶよう英仏独に働きかけましたが、最終的に決裂しました。イランとビジネス面の結びつきが強い英仏独としては、核合意を維持したいのが本音だったのです。それで**アメリカは、イラン核合意からの離脱を決め、イランに対する経済制裁を段階的に強めました。**

次に北朝鮮です。

２０１７年1月のトランプ政権誕生以降、北朝鮮はミサイルと核開発を加速させました。トランプは中国の習近平に北朝鮮を説得するように要請しましたが、それも無駄だとわかると、中国なしで解決をはかろうと、軍事的圧力を強めました。原子力空母や原子力潜水艦を日本海に派遣し、米朝間の緊張は極限まで高まりました。

このときトランプは、ただ北朝鮮を脅すだけでなく、正しい選択肢を示したうえで、核放棄を迫ったと考えられます。

米朝対話に向けた流れが生まれ、２０１８年6月12日に**初の米朝首脳会談が実現**しました。ここで「北朝鮮の核ミサイルの廃絶が行われた時点で、アメリカは経済制裁を解除する」という取引（ディール）があったとされています。

しかし、トランプ政権が崩壊したことで、北朝鮮はふたたびミサイル開発を加速させています。

経済制裁で米中貿易戦争が勃発

No.5

経済制裁で中国封じ込め

トランプが最大のターゲットとしたのが中国です。中国は巨大な経済活動で豊富な資金をつくり、それを原資に軍事的膨張を進めています。東シナ海や南シナ海では、「力による支配」で現状変更を目論んでいました。

これに対しトランプは、中国の経済活動に制裁を加えました。**貿易や金融経済も戦争の道具の1つですから、「米中貿易戦争」です。**

トランプ政権は、２０１８年7月から中国に対する経済戦争を本格化させました。はじめは、中国が知的財産権を侵害したとして、中国からの輸入品８１８品目、

340億ドル相当に対して25％の関税をかけました。これに対し中国も同規模の報復関税をかけました。

これ以降、アメリカの制裁に対し、中国が「目には目を」で単純に報復するだけの愚策に陥り、結果、アメリカの制裁関税を拡大させる結果となりました。中国企業の対米輸出は急速に減り、収益は大きく落ち込み、中国経済は失速しました。

トランプ政権は、中国の通信企業大手のファーウェイとZTEに対する制裁も行いました。これは**通信分野の次世代移動通信システム（5G）の実用化をめぐる争い**で、ライバルとなる中国の両社を封じ込める狙いがありました。

5Gは戦闘機の遠隔操作など軍事技術に直結するシステムで、安全保障に関わる非常に重要な問題です。この「米中5G戦争」では、アメリカの働きかけもあり、オーストラリアやインド、イギリス、日本なども、両社を5Gから排除する動きが広がりました。

米の「航行の自由作戦」に英仏も参加

一般に、トランプはアメリカ第一主義を掲げて保護主義に走る一方で、習近平が国

米中貿易戦争の内情
貿易面
・制裁関税
・ファーウェイとZTEの使用禁止（政府関係者）
・両社を「5G」から排除
軍事面
「航行の自由作戦」
中国が軍事要塞化する南シナ海にミサイル巡洋艦を派遣
中国に対し国際ルールに基づく自由貿易を促す

際社会で自由貿易を守っていると見られましたが、これは実態をあらわしていません。

中国はあくまで計画経済です。中国共産党の一党独裁のもと、経済においてもさまざまな規制や管理体制をしいています。外国企業が中国で自由に経済活動をしようとしてもできません。中国からは特許など知的財産権の侵害をして輸出されている製品が少なくなく、けして自由貿易とはいえません。**中国の貿易は、あくまでも自国産業の保護主義が基軸となっている**のです。

トランプ政権は中国に対し、国際ルールに基づいた真の自由貿易を促していたといえます。

一方で、中国が南シナ海で軍事要塞化を着々と進めていることに対しては、**ミサイル巡洋艦やミサイル駆逐艦を派遣し、「航行の自由作戦」を実施し、軍事的優勢を取り戻そうとしました**。英仏にもよびかけて中国包囲網を形成しました。

トランプの対中戦略の目的は、米中戦争ではありません。中国に国際ルールを守らせることです。そして最終的には、アメリカ第一主義で、アメリカ経済を再建することにありました。

実際、トランプ政権時代には失業率が3・5％まで下がり、50年ぶりの低さを記録しました。これには、メキシコ国境の壁建設により、不法移民をブロックし、アメリカ国民の雇用と安全を守ったという背景もあります。そして、大減税により史上空前の好景気を実現しています。

パリ協定から離脱

トランプが進めたエネルギー戦略についても見ておきましょう。

トランプは「化石燃料＋再生エネルギー」による発電を主軸にすえました。化石燃料とは、石炭、石油、天然ガスのことです。

アメリカではシェール革命が起きましたが、これはシェール層にある石油と天然ガスを採取する技術開発によって、エネルギーの生産量を増加させたものです。特に量産化した天然ガスのおかげでエネルギーに余裕ができ、アメリカのエネルギーの中東依存は2割まで下がりました。

アメリカ本土には天然ガスのパイプラインが網の目のように走っています。天然ガスはパイプラインで輸送すれば、コストも安くなります。ちなみに輸出する場合は、天然ガスを冷却し液化した液化天然ガス（LNG）にしますが、これだとコストが高い。日本はLNGを輸入しています。

化石燃料とともにもう1つの軸となるのが、再生可能エネルギーです。アメリカでは、太陽光と風力による発電量が自由経済のなかで自然に増え、すでに全体の10％を占めています。

トランプは、**「化石燃料＋再生エネルギー」を推し進める戦略のなかで、2017年6月にパリ協定からの離脱を表明しました。**

パリ協定は、２０１５年に定められた地球温暖化対策の国際的枠組みで、２０２０年に開始しました。先進国だけに削減の義務を課した京都議定書とは違い、世界１９６か国・地域すべてに温室効果ガス削減の目標の提出と実績点検を義務づけています。しかし、世界一の排出国である中国は、２０３０年までは事実上、排出量制限はしなくていいとされています。

そもそもトランプは「気候変動問題はでっちあげ」とし、この問題自体を疑っていましたが、**離脱の狙いは、「アメリカ第一主義」でアメリカ経済を守ることにありました**。

アメリカの発電量の約65％は化石燃料による火力発電が占めています。オバマ政権はパリ協定の目標達成のため、火力発電などへの規制を強化しましたが、これにより発電コストは上昇し、間接的に製造業の経営を圧迫し、アメリカ経済に大きなダメージになりました。

これに対しトランプは、規制を取り払うことで石炭やシェールガス開発を後押しし、新たな産業を生み出し、雇用を増やしたのです。

パンデミック後のアメリカ世界各地の反米勢力と対峙

No.6

国際協調路線のバイデン政権

新型コロナウイルス感染症が蔓延するなかで行われた2020年秋の大統領選は、「ナショナリズムの共和党トランプ」と、「グローバリズムの民主党バイデン」の対決となりました。結果は、トランプを破って**バイデンが第46代大統領に就任しました**。

トランプ政権はアメリカ第一主義でしたが、バイデン政権は**国際協調路線**へと転じます。パリ協定復帰など、世界から歓迎されました。

しかし、バイデンにはトランプのような地政学的な視点で反米勢力を抑え込む戦略はなく、世界各地で不穏な動きがあらわれました。

トランプ流の対中強硬路線を継承

まず、対中関係です。

バイデンは、「戦略的忍耐」政策で中国の膨張をゆるしたオバマ政権時の副大統領です。中国との関係が深く、次男のハンター・バイデンは中国軍とつながりのある中国のエネルギー大手企業と取引があったと報じられています。そのため、トランプ政権のような対中強硬策はとらないと見られていました。しかし、トランプ政権の戦略を引き継いで、中国を牽制する態度をとっています。

まず、**日本主導の「クアッド」（日米豪印戦略対話）を推進しています**。これは地政学的にシー・パワー勢力が中国を包囲する形をとり、南シナ海やインド洋の安全保障の強化を図るものです。

また、米英豪3か国による新たな安全保障の枠組み**「オーカス」**も形成しています。これはクアッドよりも軍事・安全保障を前面に打ち出していて、やはり中国の海洋進出を想定しています。

また、新疆《しんきょう》ウイグル自治区や香港での人権弾圧を問題として、2022年北京冬季五輪に対しては外交的ボイコットを表明しました。

大失態のアフガニスタン撤退

２０２１年8月、バイデン政権はアフガニスタンから米軍を撤退させました。

ところがこのとき、アメリカをはじめ**国際社会が支援してきたガニ政権が崩壊し、武装勢力タリバンに権力を明け渡す事態となりました**。しかも、権力の空白をついて、イスラム国組織ＩＳＩＳ-Ｋが首都カブールの国際空港近くで自爆テロを起こし、米兵とアフガン人を含む70人以上の死傷者がでる惨事となりました。

まるでベトナム撤退をほうふつとさせる大失態で、米国民のプライドは傷つけられ、これをきっかけにバイデンの支持率は急落しました。

このアフガニスタンというのは、多くの部族が群雄割拠する山岳地帯で、そもそも支配が難しい地域です。歴史上のいずれの大国も支配に失敗し、「帝国の墓場」といわれています。かつてはペルシア帝国やアレキサンダー大王、19世紀にはグレート・ゲームを演じたロシアとイギリス、１９７９年にはソ連が侵攻しましたが、いずれも最終的には撤退に追い込まれています。今回のアメリカもその例にもれなかったのです。**次にアフガニスタンを狙っているのは、中国です**。中国にとっては「一帯一路」（P136）を拡大するチャンスです。

反米勢力が伸張

トランプが、核拡散防止のためターゲットとしたイランと北朝鮮はどうなっているでしょうか？

イランはすでに高濃縮ウランの貯蔵量を増やすなど、核合意を大幅に逸脱する形で核開発を進めています。核合意の再建をめざし交渉が行われますが、両者の溝は大きく、2022年9月以降は交渉が停滞します。そんななか**2023年10月、パレスチナのイスラム組織ハマスがイスラエルを襲撃しました**。イスラエルは報復として、パレスチナ自治区ガザを封鎖し、攻撃を加えました。イランはハマスを支援しています。アメリカはイスラエルの同盟国です。もしもイランとアメリカがこの戦いに直接関わることになると、大きな紛争に発展しかねない事態となります。

対応を試されるバイデン政権

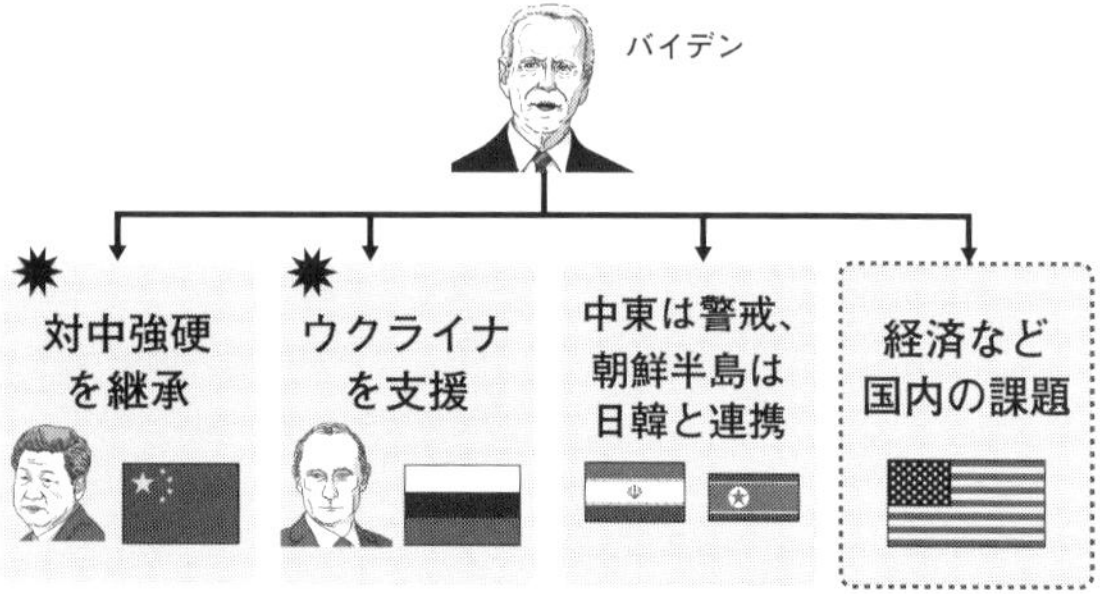

アメリカ国内の課題が多く支持率は低迷

バイデン政権は、イスラエル向けの軍事支援の巨額の補正予算を議会に要求しましたが、アメリカ国内ではイスラエルの軍事行動に批判が高まっており、バイデンはイスラエルに自制を求める方向に軌道修正しています。

一方、北朝鮮は、以前のようにミサイル発射実験を繰り返すようになりました。そのミサイルには、新型の極超音速ミサイルなども含まれています。

金正恩《キムジョンウン》としては、ミサイルの脅威を見せつけることでバイデンを交渉の場に引きずりだしたいところです。バイデン政権は、関係が悪化していた日韓関係を修復させ、北朝鮮の問題に日米韓が連携して対応する体制を強化しています。

ロシアによるウクライナ侵攻も起きました。

２０２１年春以降、ロシアはウクライナとの国境付近に大軍を集結させ、ウクライナがＮＡＴＯに加盟しないよう圧力をかけました。これに対し、**バイデン政権は、ロシアの「ＮＡＴＯ不拡大」要求を拒否し、東欧などへの軍の派遣を表明しました**。

そんななか、北京冬季五輪直後の２０２２年2月22日、プーチンはウクライナ東部の親ロシア派武装勢力が支配する2地域（ドネツク人民共和国・ルガンスク人民共和国）の独立を承認しました。そして、**ウクライナへの軍事侵攻を開始**しました。

ロシアの侵攻は、バイデンが誘発させた側面があります。２０２１年12月、バイデンは、ロシアがウクライナに侵攻した場合に米軍を派遣することは「検討していない」と否定しました。これがプーチンのウクライナ侵攻の決断を後押ししました。

バイデン政権は、ウクライナに軍事介入はしません。かといって、停戦の仲介もしません。ウクライナに武器弾薬を送り、戦争を継続させます。アメリカは直接戦争には介入せず、オフショア・バランシングの戦略でウクライナに戦わせます。この戦争は、**米英のシー・パワーとロシアのランド・パワーの代理戦争**と見ることができます。

ウクライナ戦争におけるバイデン政権の狙いの1つは、ロシアの弱体化、もっといえばプーチン政権の崩壊があります。もう1つの狙いは、**独露のエネルギーを介した**

ランド・パワー同盟（Ｐ１７０）**に楔を打ち込むこと**です。米英シー・パワーは、ハートランドをもつランド・パワー同盟の強大化をもっとも恐れています。侵攻後、ドイツは反ロシアに転じざるをえなくなり、独露同盟は瓦解しました。

この戦争において、バイデン政権の誤算があるとすれば、ロシア制裁がそれほど効果を発揮せず、ロシアが思いのほか戦争遂行能力を維持しつづけたことです。２０２３年秋以降、アメリカの議会ではウクライナ支援の追加予算が共和党の反発で成立していません。国内世論には**「支援疲れ」**が見られます。追加予算が通らなければ、アメリカのウクライナ支援は途絶え、戦争の趨勢にも大きな影響をあたえます。

２０２４年は米大統領選がひかえます。国内では約40年ぶりの高水準の物価上昇（バイデンフレーション）、環境重視でシェール増産に踏み切らないことから起きたエネルギー価格の上昇、メキシコ国境に殺到する移民問題など多くの課題をかかえ、再選を狙うバイデンの支持率は低迷しています。支持率のトップはトランプです。大統領選の行方を左右しそうなのが、無所属で出馬を表明したロバート・ケネディ・ジュニアです。じわじわと無党派層の人気を集め、支持率は20％を超えています。

第3章

帝国主義へ回帰する北の大国

ロシアの地政学

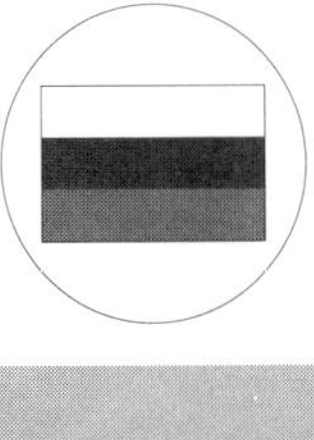

なぜロシアはいつも南に向かうのか？

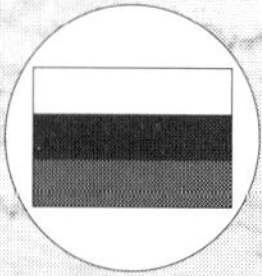

No.1

西欧からアジアまで顔がきく

ロシアの地政学を考えるとき、その**歴史的な成り立ち**を知っておくことが大事になります。

ロシアのはじまりは9世紀。バルト海からやってきた北欧のノルマン人が、先住民のスラヴ人を征服したことによります。これがキエフ（現在のウクライナの首都）を中心としたキエフ公国となります。ですからロシアは、「ノルマン人がスラヴ人を征服してできた国」です。

ノルマン人というのは、北欧の国をつくり、イギリスを征服した人種なので、「ロ

ロシアというランド・パワーの大国

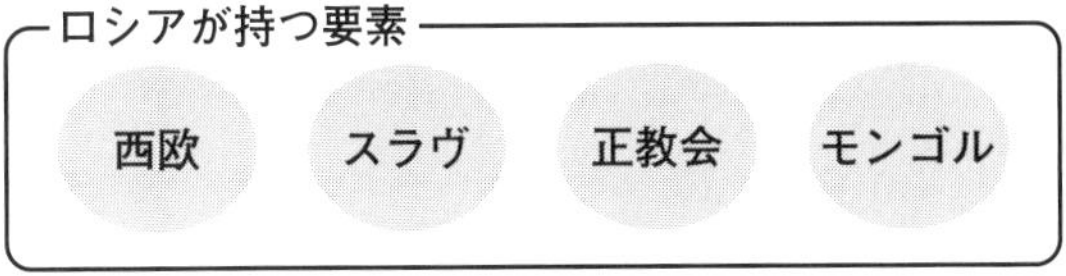

⇒各方面に顔がきく

シアは西欧の一部である」といえます。同時に、先住民はスラヴ人なので、スラヴ人としてのアイデンティティもあります。たとえば、バルカン半島のセルビアやブルガリアなどに対しては、「同じスラヴ系の仲間だよ」といえるわけです。さらにいうと、キエフ公国はギリシャ正教に改宗し、のちのロシア帝国はビザンツ帝国の後継を名乗りました。なので、ギリシャなどの国に対しては「同じ正教会の仲間だよ」といえます。

また、モンゴルに支配されたのち15世紀に独立したモスクワ大公国は、モンゴルの王（ハン）の後継を称しました。ですから、アジアには「モンゴルのハンの後継者だよ」といえます。なので、カザフスタンやウズベキスタンなど中央アジア諸国はロシアの支配をすんなり受け入れたのです。

このように、**ロシアは四方に顔がききます**。これが地政学的戦略を実現するうえでとても重要で、ロシアが世界最大のランド・パワーに成長した1つの要因となりました。

4 大艦隊で海上覇権もうかがう

マッキンダーが指摘したように、ロシアには難攻不落のハート・ランドがあります。艦隊が海から川をさかのぼってロシアに侵入することはできません。守りがとても堅いのです。

一方で、攻撃の面では弱点があります。いつでも軍艦を出動できる不凍港がないのです。ですから、**不凍港を求めて南下する「南下政策」がロシアの地政学的戦略の軸になりました**。

はじめは南下ではないですが、バルト海に港をつくりました。17世紀末、ピョートル大帝がバルト海に面したサンクトペテルブルクに軍港を開き、**バルチック艦隊**を建設しました。バルチック艦隊は、バルト3国とフィンランドを牽制し、海への出口を確保しました。

つづいて目をつけたのが黒海です。黒海は、ボスポラスとダーダネルスの2つの

海上覇権をうかがうロシアの四大艦隊

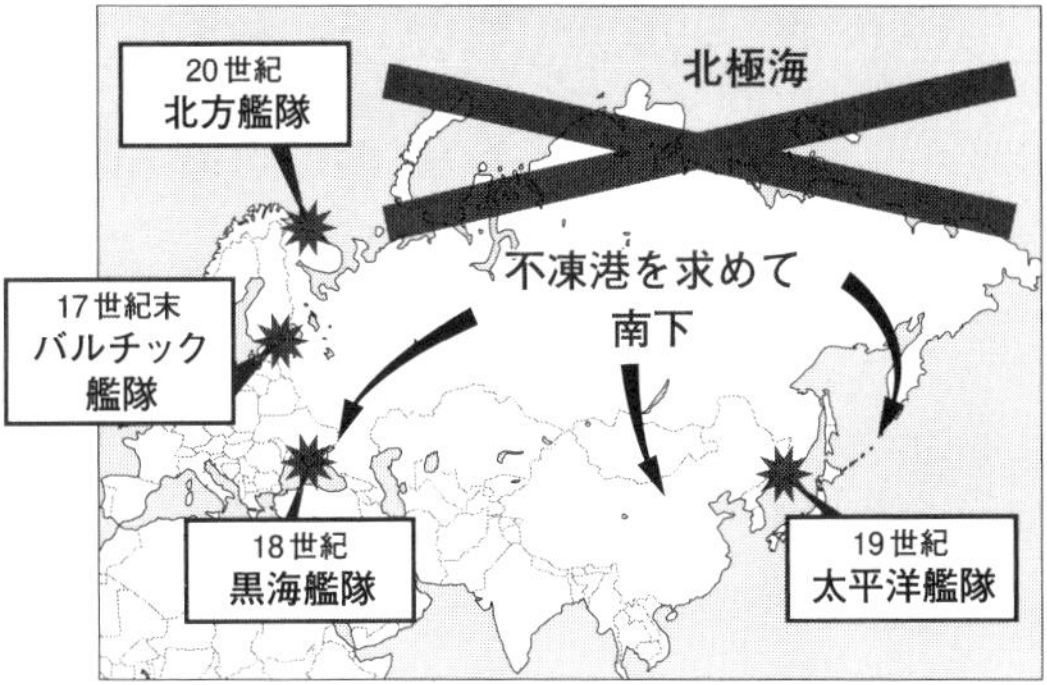

海峡をへて地中海へ出ることができます。18世紀、エカチェリーナ2世はオスマン帝国と戦い、ウクライナやクリミア半島を獲得しました。そして黒海につきでたクリミア半島のセヴァストーポリに軍港を開き、**黒海艦隊**を建設しました。2014年のクリミア併合は、この軍港を守ることが目的でした（P88）。

南下政策のもう1つのルートは、太平洋です。19世紀、アレクサンドル2世は中国から日本海沿岸の沿海州を奪い、ウラジオストックに軍港を開き、**太平洋艦隊**を建設しました。さらに、20世紀になると**北方艦隊**も建設されました。北方艦隊は北極圏の奪還・管理をめざしていて、現在、もっとも重要性が増しています（P142）。

以上が、ロシア海軍の４大艦隊です。ロシアはランド・パワーの国ですが、軍港と艦隊を持つことで海上覇権もうかがっているわけです。

親欧米派からスラヴ派のプーチンへ

ロシアは、19世紀にグレート・ゲーム（P37）を繰り広げましたが、ことごとくイギリスに屈しました。イギリスと同盟した日本との戦い（日露戦争）では、太平洋艦隊とバルチック艦隊が敗れ太平洋進出を断たれました。また、同じスラヴ民族として連携しようといって（パン＝スラヴ主義）、バルカン半島への進出を試みましたが、クリミア戦争と露土戦争で阻止されました。そして、３Ｂ政策のドイツ（Ｐ１６７）と衝突したことが、第１次世界大戦の引き金となりました。

１９１７年のロシア革命を経てソヴィエト連邦が成立します。レーニンは親西欧派でしたが、そのあとのスラヴ派のスターリンは、西欧との対決姿勢を鮮明にしました。戦後、東欧諸国をソ連に組み入れ、西側の欧米と対峙し、冷戦となります。バルト３国はソ連領とし、バルト海の覇権を確保しました。また、大戦末期に南樺太《からふと》と千島列島を併合し、オホーツク海の覇権を奪いました。

ゴルバチョフの時代に冷戦が終わり、つぎのエリツィンの時代にアメリカ流の市場経済が導入されます。ゴルバチョフとエリツィンは親西欧派で、西側では評価が高いですが、ロシア国内では不人気です。この時代、国営企業の民営化が推し進められ、これらを手に入れたユダヤ系の新興財閥（オリガルヒ）が次々に誕生しました。莫大な富を独占し、政治にも強い影響を及ぼすようになった彼らは、国民から激しい批判にさらされるようになりました。またチェチェンなどの独立運動が激化して、大きな混乱が起きました。

この混乱を鎮めたのがプーチンでした。**プーチンは、ユダヤ系の新興財閥の資産を国有化して国民の不満を解消し、独立運動を力によってねじふせました。**ちなみに、チェチェンは、カスピ海油田の原油をヨーロッパ方面に送るパイプラインのルートになっているので、ロシアは絶対に独立をゆるしません。

プーチンは、スラヴ派です。欧米との対決姿勢を打ち出し、強いロシアの復活をめざしました。

なぜクリミアを併合したのか？

No.2

グルジア侵攻は対米戦略

２０００年にプーチンが大統領に就任してから、欧米との対立がいたるところで起きています。それは、グルジア侵攻、クリミア併合、ウクライナ危機などです。いずれも、「たんにロシアが領土を拡大しようとしているだけ」のように見えますが、**よく見ると、プーチンのしたたかな地政学的戦略が隠されています**。

はじめはグルジア侵攻です。２００８年8月、ロシア軍は旧ソ連領のグルジア（ジョージア）領南オセチアに侵攻しました。

先にしかけたのは、グルジアの親米派サーカシビリ政権です。南オセチアに駐留し

ロシアのグルジア侵攻

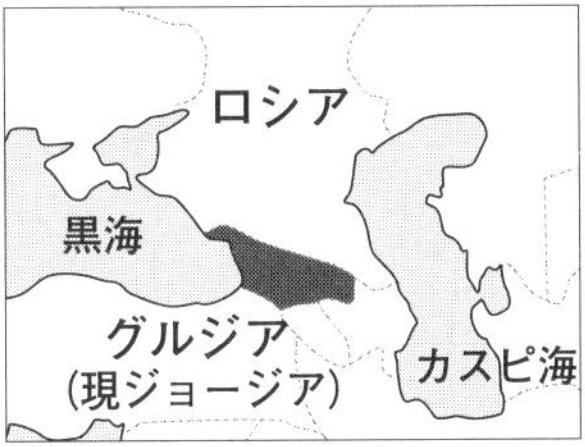

NATO加盟
を検討する
グルジアへの干渉

ているロシア軍を撤退させ、この地域のオセット人を追い出そうとしました。これに対しロシア軍が反撃したのです。ですから武力行使に打って出たサーカシビリ政権にも落ち度がありました。

ロシアはこの機会を逃さずに攻勢に出て、グルジアに勝利すると、南オセチアとアブハジアにロシア軍を駐留させ、両国の独立を一方的に承認しました。この両国の独立は国際的には認められていませんが、ロシアによって事実上、独立国家となっています。

では、なぜロシアはグルジアに干渉したのでしょうか？

じつはカスピ海周辺には膨大な石油や天然ガスの権益があり、欧米企業が莫大な投資をしています。その石油・天然ガスはグルジア経由のパイプラインによって、ロシアを経由せずにヨーロッパに送る計画でした。アメリカはこれを長年にわたって支援してきました。ということで、ロシアのグルジア侵攻の1つの狙いは、この**欧米のエネルギー計画を頓挫させること**にありました。

また、**グルジアはNATO加盟を検討していましたので、これを食い止める狙いもありました。**結果的に、グルジア侵攻は、EU加盟をめぐって対立が激化した2014年のウクライナ危機の前哨戦のような形となりました。

ウクライナは東西に分断されている

2014年3月、ロシアはウクライナのクリミア自治共和国を併合しました。クリミア併合はウクライナ危機がきっかけとなっていますので、まずはそこにいたる背景を見てみましょう。

ウクライナというのは、かつてのキエフ公国があった地域です。キエフ公国は、13世紀にモンゴル人によって破壊されましたが、モンゴルが衰退したあと、ロシア（モスクワ大公国）とポーランドが進出してきました。17世紀、黒海に注ぐドニエプル川をはさんで、東半分はロシア領、西半分はポーランド領に分割されました。**このとき**

ロシアが関与するウクライナ危機

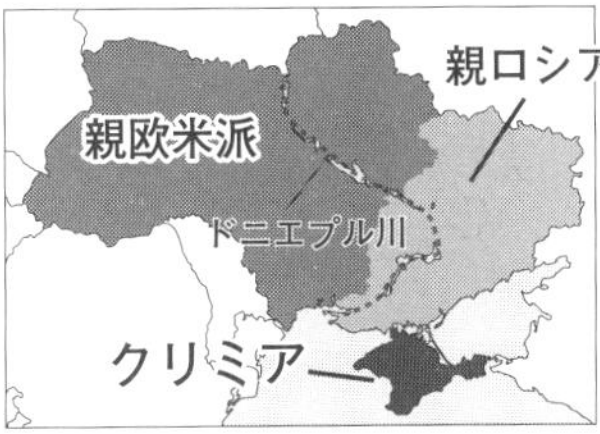

2014年
親ロシア派の
東部のクリミアが
ロシアに編入される

グルジア侵攻もウクライナ危機も
NATO軍の進出を阻止するための南下政策

の分割から、東部はロシア系住民、西部はウクライナ人が多くなりました。

その後、近代化で力をつけたロシアは、西側のコサック兵を支援しながらウクライナ全土を併合し、さらにエカチェリーナ2世の時代にクリミア半島を奪い、軍港をきずきます（P85）。この時代から、ロシア人の移住が進みましたので、現在でもクリミアの人口の6割はロシア人です。

ウクライナは、ロシア帝国からソ連時代にかけてロシアのものでした。それが1991年のソ連崩壊で独立します。このときクリミア半島はロシアから切り離され、ウクライナのものとなりました。しかし、ロシアはセヴァストーポリの軍港を手放したくないので、レンタルしました。期限は2017年までてしたが、2010年に更新されて、2042年までとなりました。

ウクライナでは、独立後も東部のロシア系住民（親ロシア派）と西部のウクライナ人（親欧米派）のあいだで対立がつづきました。そして２０１４年、**ＥＵ加盟をめぐって親欧米派と親ロシア派との衝突が起き、ウクライナ危機が勃発**（Ｐ94）。そんななかで、クリミアの独立を問う住民投票が行われたのです。

戦後初の力による領土変更

クリミアの住民投票は民主主義の手続きをふんで行われました。結果は、ロシア編入に賛成する人が97％で圧倒。投票率も82％。国際法のルールでは、自分たちがどこの国に所属するのかは自分たちで決められることになっていますから、この領土変更は認められるべきです。

しかし、この住民投票はロシア軍とみられる武装した「自警団」が見張っている状態で行われていました。実際にはロシア軍の圧力のなかで行われた住民投票だったのです。

ですから、**ロシアのクリミア併合は、「力による領土変更」**といってしまってもいいものです。戦後の国際社会では「力による領土変更」はありませんでした。その意味で、これは歴史的にとても大きな事件でした。

ロシアにとってみると、クリミアは守らなければならない土地です。**南下政策をとりながら、西側の進出をくいとめる地政学的な要衝**です。ロシアが撤退すれば、かわって米軍を中心としたＮＡＴＯ軍が駐留してロシアの脅威となります。ですから、強引にでも奪いにいった、というのがクリミア併合でした。

また、プーチンがクリミア併合を断行できた背景には、当時のアメリカ大統領のオバマの消極姿勢もありました。オバマは力による外交を好みません。口では批判しますが、軍事介入には消極的。プーチンは、このオバマの消極姿勢を見透かし、強気に出たのです。

なぜウクライナへの介入をやめないのか？

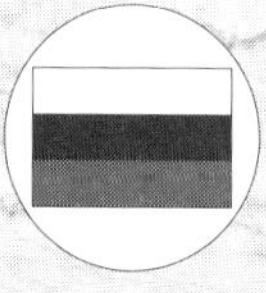

No.3

親ロ政権がＥＵ加盟の公約を撤回

ここでは、ウクライナ危機に焦点をあてて見てみましょう。

ソ連崩壊後、ウクライナは独立したものの、西部のウクライナ人（親欧米派）と東部のロシア系住民（親ロシア派）のあいだで対立がつづきました。

２００４年の大統領選では、西部の親欧米派のユシチェンコと、東部の親ロシア派のヤヌコーヴィチが激しく争い、ヤヌコーヴィチが僅差で勝利します。ところが、ユシチェンコ支持者は選挙不正を理由に大規模な抗議運動を展開し、再選挙にもちこみました。その結果、ユシチェンコが大統領に選ばれます。これが**オレンジ革命**です。

オレンジ革命は、旧ソ連諸国で起きた民主化革命の1つとされます。民主化革命というと聞こえはいいですが、**その実態は欧米の対ロシア戦略**にすぎません。ユシチェンコはユダヤ系金融資本のジョージ・ソロスの資金援助を受けていましたし、ヤヌコーヴィチに対する抗議運動には欧米の政府や基金などの支援があったとされます。

プーチンはヤヌコーヴィチを支援し、2010年に完全な親ロシア派政権をきずかせます。ヤヌコーヴィチはEU加盟を公約にしましたが、2013年、その方針を撤回します。これに西部のウクライナ人が激怒し、反政府運動が勃発。ヤヌコーヴィチはロシアに亡命し、かわって親EU派のウクライナ暫定政府が成立しました。

すると今度は、東部のロシア系住民が反発。ロシアの支援を受けながら分離独立運動を展開しました。**2014年、ウクライナは事実上の内戦状態に突入しました。**こうした混乱に乗じて、ロシアのクリミア併合があったわけです。

停戦合意は守られず

ロシアのクリミア併合のあと、ウクライナ東部での戦闘が激しくなりました。ウ

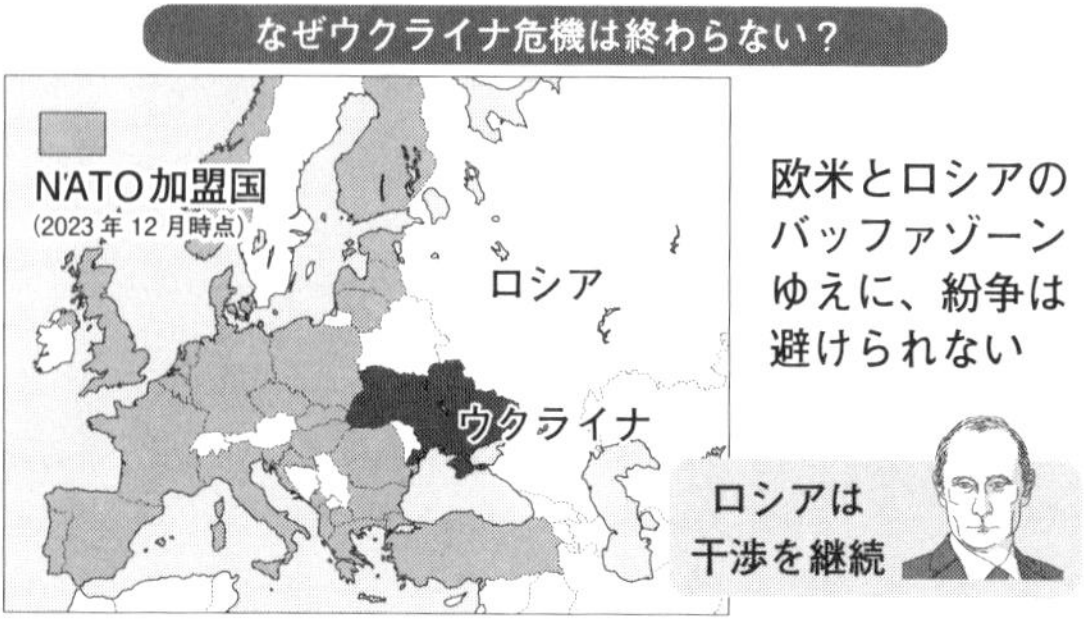
なぜウクライナ危機は終わらない？
NATO加盟国
（2023年12月時点）
ロシア
ウクライナ
欧米とロシアのバッファゾーンゆえに、紛争は避けられない
ロシアは干渉を継続

クライナ政府軍と親ロ派武装組織が激突しました。２０１４年９月にいったん停戦合意（ミンスク合意）となりましたが、それでも戦闘は続き、翌年２月にあらためて停戦合意となりました（ミンスク合意２）。

ところが、この合意以降も散発的な戦闘がつづき、停戦とはほど遠い状況がつづきました。そして２０２１年春以降、ロシアはウクライナとの国境付近に大軍を集結させ、**「新ウクライナ危機」**が起きました。

ウクライナ危機が終わらないのも仕方ない面があります。**ウクライナはロシアと欧米の中間のバッファゾーンにあるので、地政学的にどうしても紛争が避けられない運命にある**からです。

たとえば、第２次世界大戦中には、ドイツとロシアがこの地で激突し、独ソ戦の舞台となりました。ウクライナ人はソ連兵として前線に送り出されたり、戦闘に巻き込まれて、800～1400万人が死亡したといわれています。一般にはソ連の犠牲者に換算されてしまいますが、ウクライナ人は大戦中最大の犠牲者を出した民族の1つといわれます。このようにウクライナは、東西陣営が衝突する不運な場所にあります。

ソ連崩壊以降、東欧の国々はアメリカを中心とした軍事同盟・NATO（北大西洋条約機構）に加盟しました。その結果、**NATO勢力はロシアの目の前まで迫ってきました**。ロシアと国境を接するバルト3国のエストニアやラトビアは、NATOの加盟国です。残りはウクライナとなりました。東西の境界線がウクライナにまで移動してきたのでここで紛争が起きた、ということです。

親ロシア派2地域の独立承認

2019年、ウクライナは憲法を改正し、**将来的なNATO加盟の方針を決めました**。NATOの東方拡大の脅威があるかぎり、プーチンはウクライナから引くことはできません。そもそも冷戦終結後、東西陣営間で「NATOは東方に拡大しない」という約束があったとされ、これを反故にされているというのがプーチンの主張です。

一方でプーチンがしたたかなのは、西側陣営の弱みをしっかりとにぎっていることです。2014年のウクライナ危機以降、EUは「脱ロシア依存」を掲げ、エネルギー供給源の多様化をめざしてきました。ところが逆に、ドイツやフランスを中心にロシア産の天然ガスの輸入量は増えました。2020年のEUの天然ガス輸入量の4割以上がロシア産です。しかも、従来のウクライナ経由のガスパイプラインにかわり、ウクライナを迂回してバルト海経由でドイツへつなぐパイプライン「ノルドストリーム」の2本目である「ノルドストリーム2」が完成しました。

そんななかプーチンは、NATO不拡大の確約がえられないため、行動にでました。2022年2月、ウクライナ東部の親ロシア派の2地域（ドネツク人民共和国・ルガンスク人民共和国）の独立を承認したうえで、**軍事侵攻を開始**しました。

各国はロシアへの制裁を発動しました。なかでも重要な動きは、ドイツがノルドストリーム2のプロジェクト承認を停止したことですが、これはどちらかというとエネルギー不足に悩むドイツやEU諸国にダメージとなりました。

プーチンは当初、停戦条件としてウクライナの「NATO加盟断念」「中立化」「武装解除」「ロシアのクリミア併合の承認」を求めていました。**プーチンのめざすとこ**

ろは、ウクライナをバッファゾーンとして維持すること。ウクライナ併合は考えていません。ウクライナを併合すると、バッファゾーンが消滅し、NATOと直接対峙することになり、リスクとコストが高まるので、地政学的によい戦略とはいえません。

2022年2月末～3月にかけて、イスラエルやトルコの仲介で停戦交渉が行われましたが、決裂しました。その原因として、西側の介入があったという報道もあります。プーチンは停戦条件であるウクライナの中立化をあきらめ、2022年9月、占領地域の東部2州と南部2州の併合宣言に踏み切りました。

西側はロシアへの経済制裁により、ロシアの物資・戦費調達を困難にし、経済・金融面から追い詰めようとしました。しかし、ロシア制裁に加わるのは、世界で48か国。グローバルサウス（P245）の国々は、ロシアから食料、エネルギー、武器などの輸入をつづけます。制裁の効果は限定的です。

2023年後半からウクライナが反転攻勢を強めましたが、西側諸国の「支援疲れ」も進んでいます。ウクライナを支援する西側には勝利の見通しが立たず、戦争の終わらせ方を模索する段階に入っています。戦後に向けた動きとして、2024年2月には東京で日本・ウクライナの経済復興推進会議の開催が決まっています。

東方シフトのロシア、ユーラシア主義で対中緊密化へ

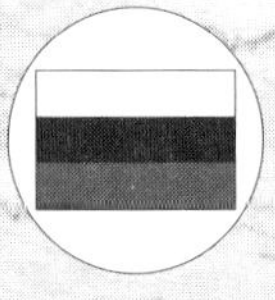

No.4

東方重視でバランスを調整

ロシアは国家的プロジェクトとして、「東方重視」の戦略をすすめています。

ロシアの人口の8割はヨーロッパ側にありますが、資源の8割は東方の極東・シベリアにあります。ですから、このアンバランスを調整して、**東方に人口や国家の重点を移したい**と考えています。

そこで問題になるのが**中国**です。この戦略には中国をとりこみたいという思惑もありますが、同時に、台頭する中国への警戒心もあるのです。

なぜ面積等分で妥協したのか？

ロシアと中国は、４３００キロにわたって国境を接しています。ランド・パワーの２つの大国がこれだけ接しているわけですから、どうしたって関係はぎくしゃくします。実際、１６８９年に結ばれたネルチンスク条約のころから長年にわたって国境の争いがありました。そのほとんどは、ロシアが武力をちらつかせ一方的に押し付けてきたものです。しかし、戦後の１９５０年代後半からは中国も反発を強め、国境での緊張が高まりました。１９６９年には、ウスリー川の珍宝島《ちんぽうとう》（ダマンスキー島）で武力衝突がおき、あわや核戦争の危機にまで発展しました。

しかし、ソ連崩壊直前の１９９１年に締結された中ソ国境協定（中ロ東部国境協定）を皮切りに国境画定作業がはじまりました。ダマンスキー島については、この91年の協定で中国の帰属ということで合意しています。

さいごまで時間がかかったのは、アムール川とウスリー川の合流点にある大ウスリー島など３島の帰属です。ここは１９２９年からロシアが実効支配していたので、ロシアが引くことはないと思われていました。ところが２００４年、プーチンと胡《こ》

あくまで「実利」をとるロシアの国境画定策

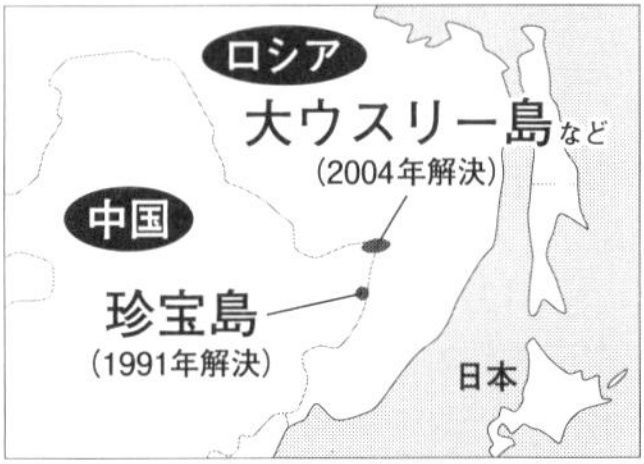

2004 年
大ウスリー島など
３島を面積で
二等分割して解決

中国との対決リスクを回避　中国と経済的につながる

↓

自国の資源開発等における利益を追求

錦濤《きんとう》の会談では、**「フィフティ・フィフティ」方式**で解決しています。単純に中州を面積で半々にすることになったのです。これで両国間の国境はすべてクリアになり、２００８年に正式に国境が画定しています。しかし、なぜプーチンは面積等分で妥協したのでしょうか？

　１つには、**台頭する中国とのあいだにある争いの種をつぶしておきたかった**、というのがあります。ロシアの伝統的な戦略は、相手が弱いときには押しますが、強いときには引くというもの。プーチンはこの伝統にしたがい、中国と不要に対決するリスクを避けたのです。

　もう１つには、**極東・シベリアの開発の**

ために中国の成長を取り込みたかった、という思惑もあります。実際、国境画定以降、中国との経済的な結びつきは強まっています。エネルギー面では、2010年に原油パイプラインが完成し、供給量を拡大させています。中国にとってロシアは、サウジアラビアに次ぐ2番目の原油供給国となっています。2023年には、中国向け**ガスパイプライン「シベリアの力」**が全線開通し、天然ガスの本格供給がはじまりました。モンゴル経由の「シベリアの力2」の建設も進んでいます。この中露のエネルギー連携は、ウクライナ戦争前からはじまっていて、西側のロシア制裁をきっかけにさらに加速する流れとなっています。

ところで、この中国との国境交渉から見えてくるのは、**「妥協するところは妥協して実利をとる」**というプーチンの柔軟な戦略です。

じつは、ノルウェーとの紛争でもそうでした。ロシアは、ノルウェーと40年以上にわたってバレンツ海と北極海の排他的経済水域境界線をめぐる紛争がありましたが、2010年にフィフティ・フィフティ方式で解決しています。ここでもロシアは「資源共同開発」という実利をとっているのです。

ユーラシア主義の帝国へ

ロシアは中国と表面上はうまくつきあっています。しかし、潜在的にはランド・パワーのライバルです。警戒心をとくことはありません。

領土問題でいうと、**沿海地方の帰属問題**があります。ロシアは、1860年の北京条約で沿海地方（アムール川左岸およびウスリー川東岸）を併合し、そこから極東の町ウラジオストックを建設しました。しかし中国の教科書には、この北京条約は「不平等条約である」と書いてあります。**中国はいつかは沿海地方を取り戻したいと考えているの**です。ロシアの極東部の人口が630万人程度なのに対し、隣接する中国東北部の人口は1億人をこえています。ロシアには、この地域で対立が表面化することへの危機感があります。

また経済面では、中央アジア諸国の引っ張りあいになっています。カザフスタン、キルギス、タジキスタン、トルクメニスタンなどの中央アジア諸国は、かつてはロシアの「裏庭」でしたが、いつのまにか中国の経済圏に入り、いまや中国の「裏庭」になっています。ロシアはこの地域を取り戻したいと考えています。

中ロの争いはすでに起きていて、2022年初めに起きたカザフスタンの全国的な騒乱の背景には、親ロシア派のトカエフ大統領と親中派のナザルバエフ前大統領の権力闘争があったとみられています。

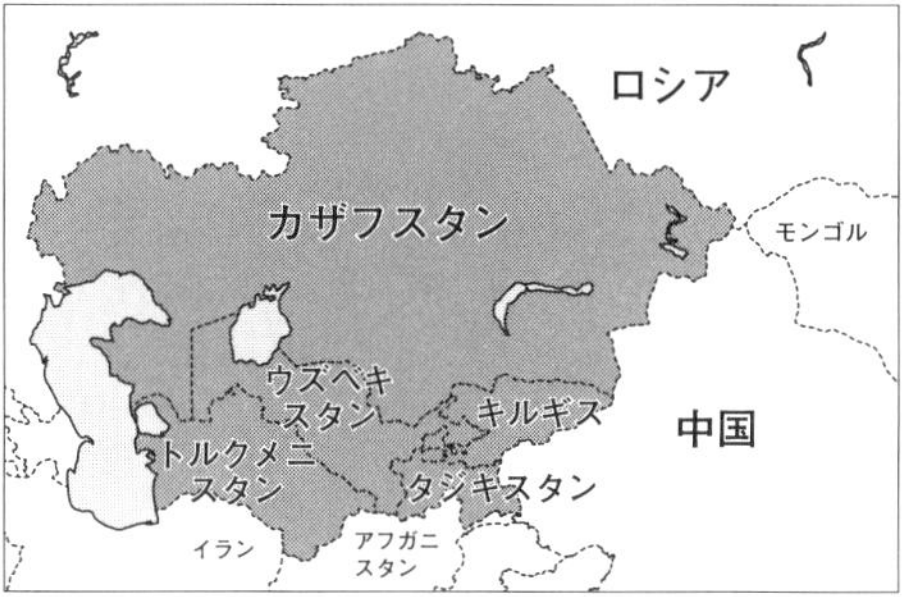

では、中国への対抗策はなにか？　2015年1月に発足した**「ユーラシア経済連合（EEU）」**です。EEUは、ロシア、ベラルーシ、カザフスタン、アルメニア、キルギスで構成され、ユーラシア大陸中央における「EU」のような共同体になろうとしています。

ロシアは、スラヴ系だけでなく、テュルク系やイラン系、モンゴル系など**さまざまな人種からなる超民族国家で、必然的に帝国となる運命にある**と考えています。これは**「ユーラシア主義」**と呼ばれるもので、ロシアはヨーロッパやアメリカ、アジアとは異なった独自の発展法則をもとに帝国への道を歩んでいくと信じています。これを具現化したのが「EEU」ということです。

米露対立に翻弄される北方領土問題

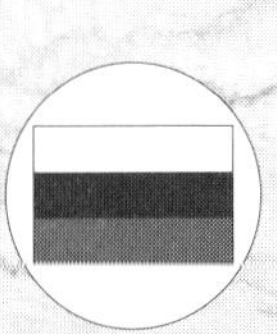
No.5

アメリカが打ち込んだ楔

ここでは北方領土問題をおさえるとともに、これからの日ロ関係を考えてみましょう。

19世紀、南下政策をすすめるロシアは、清（中国）の弱体化につけこんで沿海地方をうばい（北京条約、１８６０）、ウラジオストックに軍港をつくり、太平洋艦隊を設けました。でも、さらに南方には日本という壁がありました。しかも、日本の背後にはイギリスやアメリカがひかえています。

ロシアは、じわじわと樺太や千島列島から侵入し、日本とぶつかります。１８７５

年の樺太・千島交換条約では、「混住の地」とされていた樺太がロシアの領土となり、かわりに千島列島は最北のシュムシュ島まですべてが日本の領土となりました。日露戦争後のポーツマス条約では、樺太の南半分が日本のものとなります。

しかし1945年8月、ソ連（ロシア）は無条件降伏をした日本に攻め込み、南樺太と千島列島を占領しました。「日本の領土には攻め込まない」という日ソ間の約束もやぶりました。このときの侵攻は、「ソ連が日本に侵攻する見返りに、南樺太と千島列島の獲得を約束する」というヤルタ会談の極東密約によるものです。

ソ連にとって日本はリム・ランドにあたります。ここを足がかりにマージナル・シーをおさえ、太平洋へ進出したいところです。しかし、アメリカがこれをゆるしません。アメリカは日本とロシアが結びつかないように、楔《くさび》を打ち込みました。それが「北方領土問題」です。

アメリカは、サンフランシスコ講和条約でわざと千島列島の帰属をあいまいにして「北方領土問題」をこしらえました。サンフランシスコ講和条約を見てみると、日本は「千島列島」を放棄したことになっていますが、「千島列島」の範囲が明らかにされていません。

日本は「千島列島のうち歯舞《はぼまい》・色丹《しこたん》・国後《くなしり》・択捉《えとろふ》の四島は日本のもの」という主張で、ソ連との北方領土交渉にのぞみます。

プーチンは「引き分け」でいい

1956年の日ソ交渉では、「二島（歯舞・色丹）返還」でまとまりかけました。ところが、アメリカのダレス国務長官が日本に対し、「国後・択捉がソ連のものになるなら、沖縄はアメリカのものになる」という趣旨のおどしをかけてきました。有名な「ダレスの恫喝」です。これで二島返還案は消えました。

その後の交渉では、「領土問題は存在しない」と主張するソ連と、「四島一括返還」を主張する日本とのあいだで議論がかみあわず、進展は見られませんでした。そんななか日本では、「四島一括返還」が神話化されていきます。

では、プーチンの時代になってどうなったでしょうか？　**プーチンは、「二島（歯舞・色丹）だけでなく、四島（歯舞・色丹・国後・択捉）が交渉の対象である」といっています**。こんなことをいうロシアの大統領ははじめてです。また、「引き分け」や

今後の日ロ関係と北方領土問題

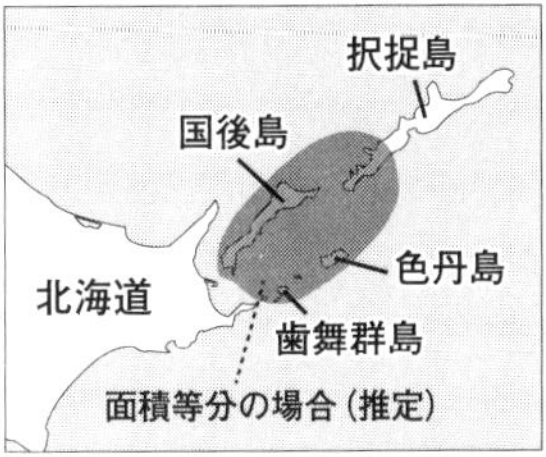

●返還交渉の対象

①四島一括返還
…日本側の主張

②二島返還
…歯舞・色丹の二島

③面積等分による返還
…「引き分け」の解決法

返還された場合、北方領土にも米軍基地を置くのかが問題

「勝者も敗者もない解決」ということもいっています。さらにロシア側からは、中ロ国境画定のフィフティ・フィフティ方式（P102）は「紛争解決のモデル」になるというメッセージも発信されています。

かりに「引き分け」とすると、歯舞・色丹は北方領土の1割にも満たないので、国後のすべてと択捉も交渉の対象に入ってきます。日本からも「面積等分論」が出たことがありますが、プーチンはこれに興味を示していました。

そんななか、2018年11月の日ロ首脳会談で、1956年の日ソ共同宣言を基礎に交渉を加速させることで合意しました。つまり、「二島（歯舞・色丹）返還」に立ち返るということです。プーチンは56年宣言の有効性は認めていて、二島返還で平和条約を締結する考えがあるようです。

問題は二島返還で決着するとして、**主権が日本に移るとなると、そこは日米安全保障条約の対象となる**ことです。つまり、北方領土に米軍基地がつくられる可能性があります。そこでプーチンは、「北方領土を引き渡したとしても米軍が展開しない」という確約を求めています。日本としては急所をつかれた格好です。アメリカに「北方領土だけは安保対象から外してくれ」などとはいえないからです。

プーチンは、住民や知事の反対にもかかわらず沖縄の米軍基地が強化されている例をあげ、「日本には主権はないのか」と本質的な問いを投げかけています。北方領土問題は単純な日ロ問題というよりは、日本とアメリカの問題である。プーチンのこの認識は恐ろしいほど的を射ています。

2022年2月、ロシアのウクライナ侵攻をうけ、日本は対ロシア制裁に加わりました。これに反発したロシアは、日本を「非友好国」に指定。日露平和条約交渉の中断も表明しました。**北方領土と千島列島で軍事演習を活発化させています**。

日露関係は悪化し、北方領土の返還交渉は見通しのたたない状況となっています。

第4章

アジアから世界の覇権をねらう

中国の地政学

シー・パワーの国になれなかった大陸国家、中国

No.1

ランド・パワーの超大国

中国はランド・パワーの国です。中国の古代文明が生まれたのは海沿いではなく、黄河などの大河沿いであって、つまり内陸でした。内陸から発展して、ランド・パワーの大国になりました。

中国は長い海岸線をもっているので、シー・パワーになってもよさそうです。しかし、海からの脅威がほとんどなく、いつも内陸の遊牧民におびやかされるうちに、中国はランド・パワー大国となりました。遊牧民はランド・パワーですから、**ランド・パワーに対抗する術を磨いているうちに、自らもランド・パワーとして強くなった**のです。

そんな中国も、シー・パワーになろうとしたときがありました。しかし、それが失敗したことで、長らくシー・パワーは封印されてしまいます。ということでまずは、シー・パワーになりえなかった中国の地政学を見てみましょう。

シー・パワーを手にしたモンゴル

13世紀、中国全土を支配したのはモンゴル帝国です。これは遊牧民のモンゴル人が中国の漢民族を支配してできた帝国です。

モンゴル帝国は、遊牧民がきずいた帝国ですから、もちろんランド・パワーになります。ただこのモンゴル帝国は、シー・パワーを取り込んで、「ランド・パワーとシー・パワーを兼ね備えた帝国」をめざしました。そんな構想を持っていたのが、チンギス・ハンの孫のフビライ・ハンです。

フビライは中国支配を進める過程で、中国の南半分を治めていた南宋《なんそう》を攻めました。南宋は長江《ちょうこう》の支流（漢水《かんすい》）に強力な水軍を構えて迎え撃ちました。ランド・パワーのモンゴルは、シー・パワーの水軍を持ちませんので苦戦しましたが、兵糧攻めによって降伏させることに成功しました。このときに降伏した南宋の水軍が、そのままモンゴル軍に組み込まれたのです。またこのころ、朝鮮の高麗《こうらい》の水軍も手にしました。

こうして水軍を手に入れたフビライは、海洋進出を試みます。２度の日本遠征（元寇、１２７４、１２８１）とジャワ遠征（１２９２）です。しかし、**異民族のシー・パワーにたよったこの戦略は、いずれも失敗に終わりました。**

この失敗が中国のトラウマとなり、これ以降の中国王朝は海洋進出に消極的になります。

鄭和の大遠征は一代限りの例外だった

モンゴル帝国にかわって打ち立てられたのが明《みん》です。明の時代には、中国史上はじめて海からの脅威に直面しました。それが**シー・パワーの倭寇《わこう》**でした。

倭寇は日本の海賊です。自由な貿易を求めてやってくる海の商人ではあるのですが、実態は武装集団です。掠奪《りゃくだつ》行為をしたりして、中国や朝鮮の沿岸を荒らし回っていました。

ランド・パワー中国のシー・パワーとの戦い

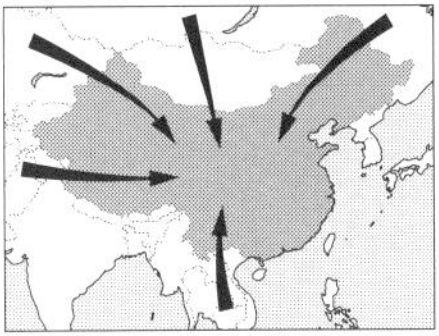

中国の敵は常に
内陸からやって来る
↓
ランド・パワーの国に

シー・パワー国家との戦い

16 世紀：倭寇（日本）→ 負け
19 世紀：イギリスなど → 半植民地化
　　　　日本 → 負け

元の海洋進出は失敗

↓

屈辱を晴らすべく海洋進出への野望を抱き続ける

シー・パワーの倭寇に対抗するには、シー・パワーで追い返すしかありません。ランド・パワーの中国にとっては、シー・パワーを磨くチャンスでもありました。ところが、明はそれをしませんでした。

明がとった政策は、海禁政策という消極的なものでした。海外との勝手な貿易を禁止し、海外渡航を禁止し、さらには海岸線に近づくことを禁止するというものです。これで海岸線から一定の距離が無人になったといいます。

明の時代のシー・パワーの例外に、15世紀初頭の**鄭和《ていわ》の大遠征**があります。色目人《しきもくじん》（イスラム教徒）の宦官《かんがん》（宮廷に仕える去勢された男性）である鄭和を司令官とする数百隻の大艦隊が、東南アジアからインド、さらにはアラビア半島や東アフリカまで到達したといわれます。

これは訪れた国々に朝貢（中国皇帝への貢ぎ物を送ること）をうながし、明を中心とする国際関係をきずくのが狙いだったと見られます。

鄭和の遠征は、ランド・パワーの中国にとってはじめての海洋進出でした。しかしこれは例外中の例外で、第三代・永楽帝《えいらくてい》のたった一代で終わりました。

永楽帝の死後、艦隊は解体されてしまいました。王朝内部の抗争で、シー・パワー派がランド・パワー派におさえ込まれた結果でした。

シー・パワーに負けた中国の屈辱

明の次は清です。清は、満州人が漢民族を支配してできた王朝です。清は内陸から沿岸まで勢力を拡大し、中国の全盛期をもたらしました。この時代に新疆《しんきょう》ウイグル自治区も征服しています。「新疆」とは、中国に入れられた「新しい領土」という意味です。

沿岸部は、朝鮮や琉球、台湾、ベトナムなどにも勢力を広げました。しかし、台湾をのぞくとこれらは朝貢国であって、直接支配しているわけではありません。直接支配した内陸部とは違います。その意味でも、あくまでも清はランド・パワーの帝国でした。

そんなランド・パワーの清は、19世紀になると**シー・パワーのイギリスをはじめとする欧米列強によって半植民地化され、さらには日清戦争でシー・パワーの小国・日本にも負けてしまい、崩壊に向かいました。**

こうした屈辱の歴史から、中国はランド・パワーだけでなく、シー・パワーとして海に打って出なければいけないという考えがあるのです。それがいま、実行されようとしているのです。

「ランド・パワー＋シー・パワー」への方針転換

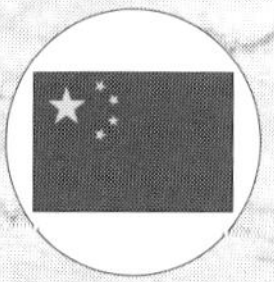

No.2

朝鮮戦争は米中の代理戦争

戦後の中国は、ランド・パワーのベースのうえに、シー・パワーを兼ね備えた大国への道を歩みはじめます。

もともとアメリカの支援を受けていた中国ですが、戦後の内戦で勝利した共産党が一党独裁体制をきずくと、アメリカ資本はしめだされました。共産党政権はソ連寄りです。ちなみに、内戦で負けた国民党は台湾へ逃れました。

ここから、ランド・パワーの中国とシー・パワーのアメリカが対立することになります。それが表面化したのが、リム・ランドの朝鮮半島で起きた朝鮮戦争（１９５０

～1953）です（P224）。

第2次世界大戦後の朝鮮半島は、北緯38度線を境に、北はソ連、南はアメリカの占領となり、それぞれ北朝鮮と韓国として独立しました。

しかし、南北統一をめぐって戦争となりました。これが朝鮮戦争です。韓国のバックにはアメリカがついて、朝鮮半島を北上してきます。中国としては、朝鮮半島は自分たちの勢力圏としてきた伝統がありますから、北朝鮮を応援してアメリカ勢力に立ち向かいました。**中国にとって朝鮮半島は、アメリカ勢力に対するバッファゾーン（緩衝地帯）という位置づけ**になります。

実質的に中国とアメリカの代理戦争となったこの戦いは、結局、「休戦」となり、いまにいたります。

シー・パワー派　鄧小平の登場

毛沢東《もうたくとう》時代の中国は、ランド・パワーのままでした。ランド・パワーのソ連・共産党でスターリンの個人崇拝が進んだように、同じランド・パワーの中国・共産党でも毛沢東の個人崇拝が進みました。

ところが、ソ連でスターリンが死んだあと、後継者のフルシチョフがアメリカとの平和共存を掲げ、「スターリン批判」を行いました（１９５６）。毛沢東は、国内で「毛沢東批判」が起きることを恐れ、フルシチョフを非難します（中ソ論争）。ここから中ソの関係は悪化し、国境紛争にまで発展しました（Ｐ１０１）。また同じころ、ベトナム戦争でアメリカが軍を展開していました。

北にソ連、南にはアメリカ。両大国にはさまれる形で、中国は地政学的な危機を迎えていたのです。

このままではまずいと、改革を求める劉少奇《りゅうしょうき》・鄧小平《とうしょうへい》らが毛沢東を国家主席から追放し、政権をにぎりました。毛沢東は、文化大革命（毛沢東を絶対化した大衆政治運動、１９６６～１９７７）を起こして巻き返しをはかりましたが、最終的には鄧小平が勝利しました。

鄧小平は、**アメリカに歩み寄り、ソ連の脅威に対抗する戦略をとります**。日・米からの資本導入で経済を立て直す、改革開放政策を進めます。ですからこの時代には、日本やアメリカとの関係改善が進みました。

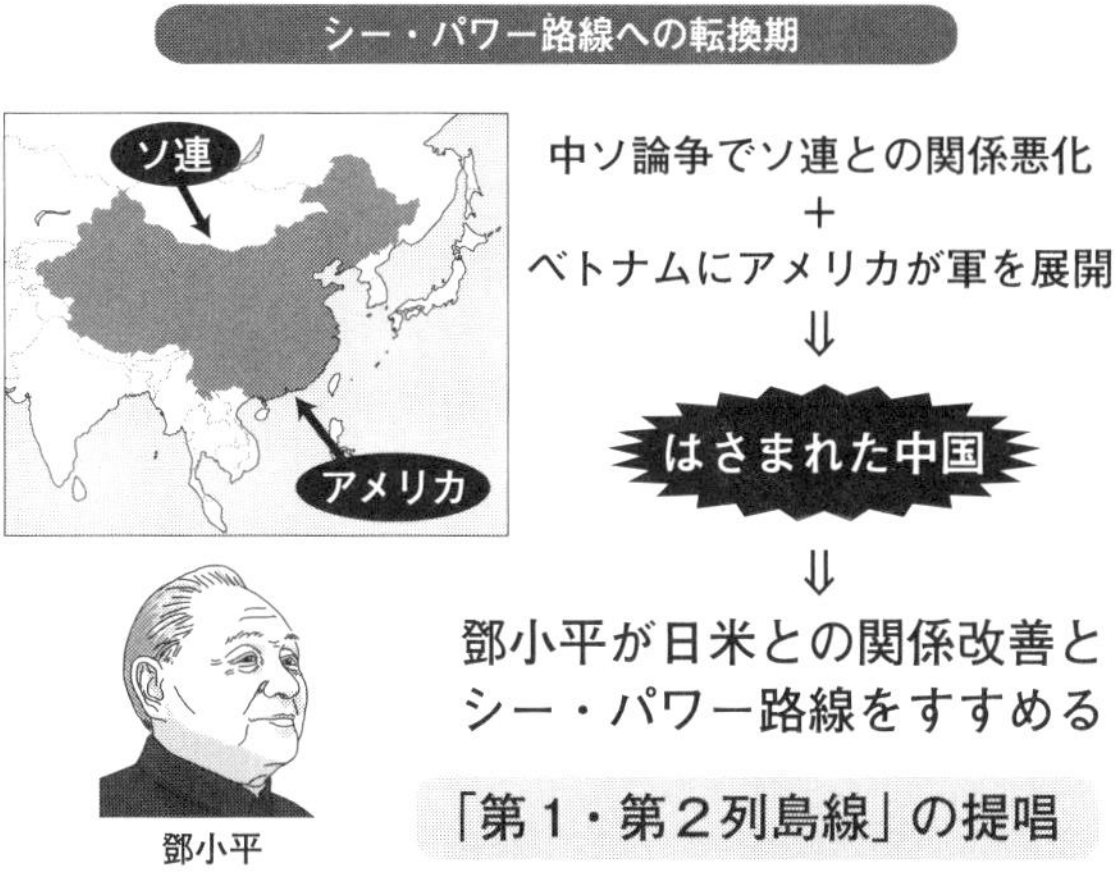
シー・パワー路線への転換期
ソ連
アメリカ
中ソ論争でソ連との関係悪化
＋
ベトナムにアメリカが軍を展開
⇓
はさまれた中国
⇓
鄧小平が日米との関係改善と
シー・パワー路線をすすめる
「第1・第2列島線」の提唱
鄧小平

それはそれでよかったのですが、すでに鄧小平の視線はその先に向いていました。経済の立て直しをはかりながら、軍備を増強し、海洋進出をはかろうとしていたのです。中国のシー・パワー戦略は鄧小平からはじまります。

第1・第2列島線からの米軍撤退が狙い

鄧小平時代に打ち出された海洋戦略上の概念が、**「第1列島線」と「第2列島線」**（P125）です。

「第1列島線」と「第2列島線」は、もともとはソ連への備えから考え出されたものですが、ソ連が崩壊してからは、「対米防衛線」として重視されるようになりました。

第1列島線は、沖縄から台湾、フィリピンを結ぶラインです。第2列島線は、小笠原からグアム、サイパンまでを結ぶラインです。

計画は遅れていますが、２０１０年までに第1列島線をおさえ、２０２０年までに第2列島線をおさえるというプランです。

尖閣諸島への領海侵犯や南シナ海への進出は、この第1列島線のプランにもとづく行動です。

ただ、これはあくまで「対米防衛線」ですので、この海域をすべて実効支配するという意味ではありません。米軍に出ていってもらうのが狙いです。つまり、**沖縄やグアム、サイパンのアメリカの海軍に撤退してもらい、かわりに中国海軍を展開したいと考えています**。

２００７年、中国海軍幹部はアメリカ側に「ハワイより東を米軍、西を中国海軍が管理しよう」と持ちかけたといわれていますが、これが中国のシー・パワーがめざしている姿です。

ちなみに、第1列島線と第2列島線のプランを立てたのは、中国海軍の劉華清《りゅうかせい》海軍司令官です。劉華清は、空母の必要性も訴え、それが2012年に建造された**中国初の空母「遼寧《りょうねい》」**として結実しました。遼寧は、ウクライナから購入した旧ソ連製の空母を改修したものです。2019年には国産初の空母「山東《さんとう》」が就役。国産2隻目の「福建《ふっけん》」が2022年に進水し、2024年以降に実践配備されると見られています。「福建」は、中国が設計から建造まで行った完全オリジナル空母で、満載排水量8～9万トンと巨艦です（遼寧・山東は7万トン）。中国初の電磁式カタパルト（噴出機）を搭載した空母で、艦載機を効率よく発進させられます。「外洋艦隊をもつのは偉大な文明だけ」という考えから、中国はプライドにかけて空母を増産しようとしています。

中国はミサイル技術も急速に向上させています。2021年8月には、核弾頭を搭載できる極超音速兵器の発射実験を行い、世界に衝撃をあたえました。これは低飛行高度で複雑な軌道を描くミサイルで、アメリカのいまのミサイル防衛システムでは突破される恐れがあります。

尖閣・沖縄から南沙諸島を狙う中国の海洋戦略

No.3

狙うは東シナ海と南シナ海

中国は、「第1列島線」と「第2列島線」という2本の対米防衛線を実現しようとしています。第1列島線をおさえる現段階で問題になっているのが、**東シナ海と南シナ海**です。2つの海で中国はなにをしようとしているのかを見てみましょう。

米軍が撤退したフィリピンの二の舞に

まずは東シナ海ですが、中国はここで**尖閣諸島**や**沖縄**を奪いにきています。

中国の第１列島線、第２列島線

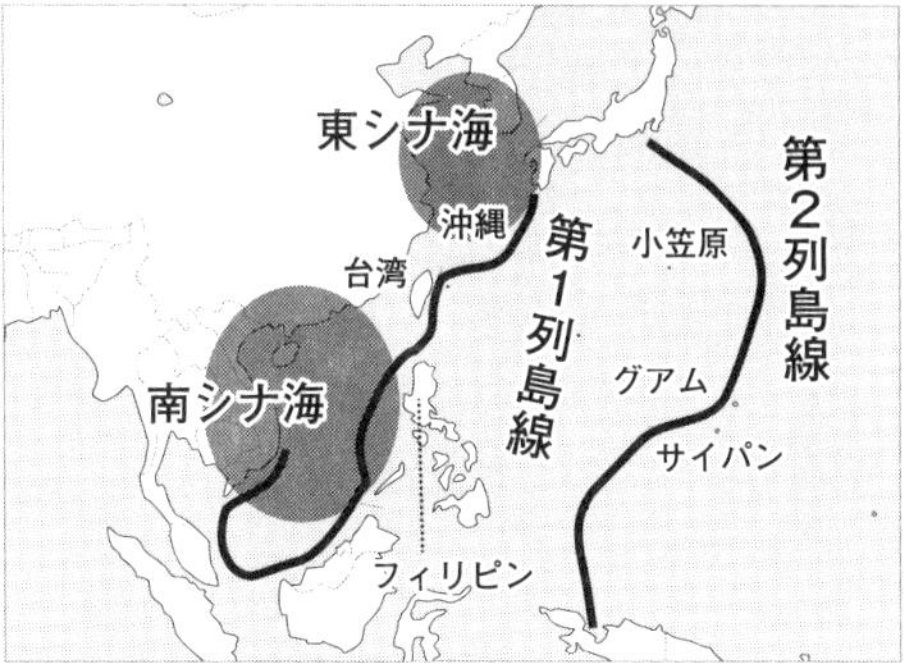

第１列島線…沖縄、台湾、フィリピンを結ぶライン
第２列島線…小笠原、グアム、サイパンを結ぶライン

尖閣諸島について、中国は1971年から領有権を主張しはじめています。1978年には、機銃を装備した約140隻の漁船が尖閣諸島周辺に集まり、そのうち約10隻が領海侵入を行いました。

このとき鄧小平は、「我々の次の世代、また次の世代は必ず解決方法を見つけるはずである」として、**問題を棚上げし、日中友好を優先しました**。当時の中国は、経済発展のためにどうしても日本の資本を必要としていたからです。しかし、経済発展したあかつきには、自分たちに有利な条件で解決しようと考えていました。

そして近年になって、経済的にも軍事的にも強大化した中国は、尖閣諸島を本気で奪いにきています。尖閣諸島周辺にさかんに漁船を送り込み、日本の実効支配を崩そうとしています。武力侵攻はしません。漁船の数を徐々に増やし、尖閣諸島周辺に日本の海上保安庁を上回る勢力をつくり、**いつのまにか実効支配をかすめとる「グレーゾーン侵略」を狙います**。日本は自衛隊を投入すれば、中国に軍を投入する口実をあたえてしまうので、海上保安庁によって粘り強く対処するしかありません。

２０２３年７月には、中国が尖閣諸島周辺の日本の排他的経済水域（ＥＥＺ）内に無断で大型のブイを設置していることが判明。日本政府は中国に撤去を求めました。

もう１つ、東シナ海で中国が狙っているのが、**沖縄**です。いま沖縄では、辺野古新基地建設の問題などで米軍基地に対する反発が強まっています。２０１８年の県知事選では、亡くなった沖縄県前知事・翁長《おなが》氏の遺志をついだ玉城氏が選ばれ、新基地建設阻止の民意が強くなっています。

ちなみに、翁長氏は「沖縄の自己決定権」を訴えていました。これは外交や防衛については国の判断によるので基地についても国が決めることではあるが、そこでは沖縄住民の意思が反映できる、という主張です。その主張が通らないのであれば独立を主張できる、という考えがあります。沖縄の独立という可能性が否定できないわけです。

ここでは地政学の面から考えますが、もし沖縄が独立したらどうなるでしょうか。米軍も自衛隊も撤退します。そうなると**中国軍がやってきて、あっというまに支配するでしょう**。

これには前例があります。

かつてフィリピンには米軍基地がありました。しかし、コラソン・アキノ大統領時代に大規模な反米運動が起こったことから、1992年に米軍は撤退しました。フィリピン国民は喜びましたが、それからすぐに、南沙諸島（スプラトリー諸島）に中国の漁船と称する民兵が押し寄せて、あっという間に基地をつくってしまったのです（P238）。

ですから、沖縄から米軍が撤退すれば、同じようなことが起きる恐れはあります。

領海化して原子力潜水艦を展開したい

次に南シナ海です。中国が南シナ海方面へ進出しはじめたのは、1979年の中越戦争からです。

カンボジアに侵攻したベトナムに対し、中国が攻撃を加えたのが中越戦争です。このときは、ベトナム戦争を戦いぬいたベトナム軍が展開するゲリラ戦によって、中国軍ははね返されました。しかしその後、中越国境紛争（１９８４）や南沙諸島をめぐる戦い（１９８８）では中国が勝利し、中国は南沙諸島を実効支配します。

それから中国は、南シナ海での活動を活発化させ、ベトナムやフィリピンと争っています。南沙諸島には人工島をつくり、軍事拠点と思われる施設をきずいています。

いまの中国は、なによりも南シナ海の領有を重視しています。それというのも、この海域に原子力潜水艦を自由に展開したいからです。

現在、軍事的に最強兵器の１つとされているのが、**原子力潜水艦**です。**海中の原子力潜水艦は、軍事衛星でもとらえられない**からです。燃料や酸素の心配もなく、数か月以上の連続潜水ができるようになっています。

中国の戦略原子力潜水艦の基地は、海南島にあります。中国としては、原子力潜水艦に核ミサイルのＳＬＢＭ（潜水艦発射弾道ミサイル）を積んで、これを南シナ海に展開したいと考えています。ＳＬＢＭの射程距離は１万キロあるとされ、アメリカの西海岸にまでとどきます。南シナ海は公海なので、アメリカのＰ‐３Ｃ哨戒機が上空から監視していますが、南シナ海が中国の領海となると、アメリカ軍はこの海域に近づけなくなります。

つまり、**中国は南シナ海を領海化できれば、ＳＬＢＭを積んだ原子力潜水艦を展開し、アメリカに核攻撃をする能力を持つことになる**のです。こうなると中国とアメリカのパワーバランスが対等になってきます。

また、南シナ海が中国の領海となると、**日本のシー・レーンが分断されます**。中東からの原油の輸送路となっている日本のシー・レーンを邪魔することができます。こうした戦略から、中国は南シナ海諸島の領有権を主張してきました。

そもそも中国がこれほど海洋進出に積極的になったのも、ロシアの脅威がなくなり、オバマ政権時にアメリカのプレゼンスが低下したからです。

トランプ政権では「航行の自由作戦」を頻繁に実施し、中国を牽制しました。この作戦は、南シナ海に艦船を派遣して、軍事的優勢を取り戻そうとするもので、イギリスやフランスも加わりました。２０２１年末には新政権が発足したドイツも加わり、欧米諸国の中国包囲網が強まっています。

マージナル・シーの結節点、台湾がほしい中国

No.4

中国との統一か台湾独立か

いま、「台湾有事」が現実味を増しています。なぜ中国は台湾を狙うのでしょうか？

まず歴史的に見ると、いまの台湾は、中国の内戦で敗れた国民党によってつくられています。

清朝末期、辛亥《しんがい》革命（１９１１）によって中華民国ができましたが、そこで国民党と共産党のあいだで内戦となりました。蒋介石《しょうかいせき》をリーダーとする国民党はアメリカ・イギリスが支援するシー・パワー派で、毛沢東をリーダーとする共産党はソ連が支援するランド・パワー派です。戦後、内戦に勝利した共産党は中華人民共和国を樹立。

敗れた国民党は台湾に中華民国の政府をおきました。

アメリカは台湾の中華民国を支持し、中華人民共和国を認めませんでした。国連の代表権も台湾のものでした。しかし、１９７１年からニクソン政権が中国との関係改善をはかったことから、**国連代表権は中国（中華人民共和国）に移行し、台湾は国連から締め出されてしまいました**。アメリカは１９７９年から台湾と断交。台湾は国際的に国家として認められない状態となります。

それからの台湾は、「中国との統一」か「台湾としての独立」のあいだで揺れ動きました。現在の総統・蔡英文《さいえいぶん》は独立路線をとっています。

シー・パワー中国に対する防波堤

台湾を地政学的に見てみると、東シナ海と南シナ海という**2つのマージナル・シーの結節点**に位置します。起伏に富んだ地形で、中央には日本の植民地時代には日本一高い山となった玉山《ぎょくざん》（新高山《にいたかやま》）があります。こうした地形を利用してレーダーやミサイル発射台を設置すれば、南シナ海を軍事的に手中に収めることは可能です。ですか

２つのマージナル・シーに挟まれた台湾

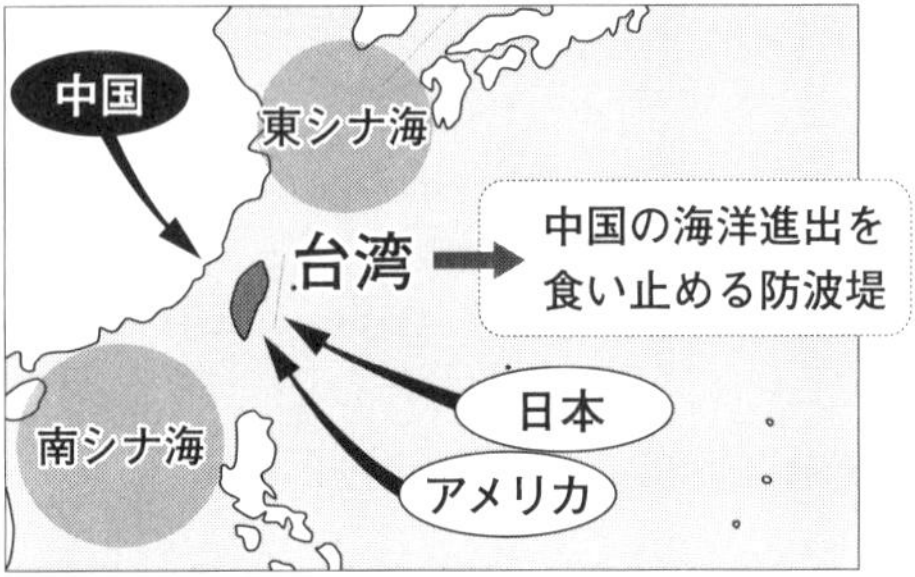

⇒同じシー・パワーの日米の支援が必要

ら、中国はどうしても台湾をおさえたいのです。

反対に日本やアメリカにしてみると、台湾は中国の海洋進出を食い止める「防波堤」になります。

一方、経済的に見ると**高性能の半導体生産基地である台湾は、米中半導体戦争の最前線**となっており、これも地政学的リスクを高める要因の１つになっています。

では、台湾防衛の戦略はどう考えるのか？

台湾はイギリスや日本と同じように、シー・パワーの島国です。**こうした島国は、単独で守ることは難しく、背後から補給を行う後背地が必要です**。日本やアメリカが後背地となってサポートする必要があります。中国は核兵器を持っているので、アメリカの存在は不可欠になります。

アメリカは、台湾と断交していますが、実際には台湾へのサポート体制を強化しています。

そもそも1979年にアメリカが中国と国交を結び、台湾と断交した背景には、鄧小平が「台湾の事実上の独立を尊重し、武力侵攻しない」と約束したことがありました。ですから、中国が「一つの中国」を主張するのはこの約束に反します。

アメリカは台湾防衛の手は打っていて、1979年に「台湾関係法」を成立させました。これは台湾を国家と同様にあつかい、台湾防衛のために武器などの援助ができるとして、台湾が独立しようとすれば助けるという内容です。2018年3月には、トランプ政権で「台湾旅行法」が成立しました。これは政府高官の相互訪問ができるようにするものです。すでに台湾軍と米軍は連携していて、少数ながら米軍が駐留しているといわれます。2021年10月、蔡英文は**米軍が台湾軍の訓練を支援していることをはじめて認め、中国を牽制しました。**

アメリカはこれまで、台湾をめぐる対応をあらかじめ明確にしないことで中国の行動を抑制する「あいまい戦略」をとってきましたが、バイデン大統領は台湾防衛にかなり踏み込んだ発言をし、戦略を転換しました。これは軍事介入を否定した自身の発言が、ロシアのウクライナ侵攻を後押ししたという反省があるのかもしれません。

そのウクライナ侵攻は、中国の台湾侵攻にブレーキをかけさせる効果がありました。対露制裁と同じような国際包囲網を形成されると、食料・エネルギーを輸入する中国経済は立ち行かなくなるからです。

一国二制度による台湾統一

中国には「一国二制度による台湾統一」というアイデアもあります。この「一国二制度」は、香港やマカオに使ってきた戦略です。

中国は90年代に2つの地域を取り戻しました。1つはイギリスの植民地だった香港で、もう1つはポルトガルの植民地だったマカオです。

中国は、この香港とマカオに対して、「一国二制度」の原則を示しました。つまり、**香港とマカオは中国という国に属する**けれど（一国）、植民地返還から50年間は、中国大陸の社会主義制度を導入することなく、**それまでの資本主義制度や生活様式を維持させ、「高度な自治」を認める**（二制度）というものです。

この「一国二制度」は、そもそもが台湾統一を念頭に構想された制度でした。1984年、鄧小平政権のときです。武力による台湾統一にも限界があることから、現地の制度を維持したまま徐々に統一に持ち込むという戦略を考えたのです。

「一国二制度」は、まず香港とマカオに適用されました。しかし、実際の香港の状況は、「高度な自治」が認められているとはいえず、「制限された自治」となりました。中国から政治介入があるほか、中国人民解放軍や中国公安部の部隊が駐留しました。香港市民は民主化と自治を懸命に訴えましたが（2014年の「雨傘革命」など）、政治的にも経済的にも急速に中国の支配下に組み込まれていきました。

2020年には、**香港国家安全維持法が施行され、言論や集会の自由は大幅に制限されました**。中国批判で唯一残っていたメディア「蘋果日報《ひんかにっぽう》（アップルデイリー）」の発行停止は、その象徴です。結局のところ「一国二制度」は「一つの中国」の入口だったのです。

習近平は2019年の年頭の演説で「一国二制度による台湾統一」に言及しました。台湾を香港と同じように「一国二制度」でじわじわと中国化する戦略です。蔡英文は「一国二制度を絶対に受け入れない」と、強く反発しています。

ユーラシア支配を狙った「一帯一路」は行き詰まり

No.5

中国が繰り出すＡＩＩＢと一帯一路

中国は２００６年に外貨準備高で日本を抜いて世界一になり、２００９年には輸出額でも世界一になりました。この豊富な金融資産を武器に中国が覇権をめざすうえでとった戦略が「投資」で、その具体策が**「ＡＩＩＢ」**と**「一帯一路」**でした。アジアインフラ投資銀行（ＡＩＩＢ）は、２０１５年12月に設立されました。

ＡＩＩＢは、アジアの開発途上国を対象とする投資機関です。同様の機関としては、日米主導のアジア開発銀行（ＡＤＢ）や、アメリカ主導の世界銀行がありますが、ＡＩＩＢがこれらの機関と違うのは、**環境や人権面の問題を不問にして資金を貸し出す**

ことです。途上国にとっては融資を受けやすくなるので、心強い存在です。

結局、AIIBには途上国やロシアだけでなく、ヨーロッパの多くの国が相次いで参加を決めました。G7のうちAIIBに加盟していないのは日本とアメリカだけです。ただAIIBには、中国の利害との結びつきの強さ、という問題があります。中国に本部があって、総裁も中国人、3割を出資する中国のみが拒否権をもっています。国際機関として適正な運営ができるのかはかなり疑わしいのです。

一方、「一帯一路」（新シルクロード戦略）は、習近平政権が2013年から打ち出している戦略です。「一帯一路」は、古代シルクロードのように、**中国とヨーロッパを陸路（一帯）と海路（一路）で結び、ユーラシア大陸に巨大経済圏を構築する**というものです。具体的には、アジア諸国にインフラ事業を売り込むのですが、中国としては国内で過剰生産される鉄鋼や石炭を資材として輸出したいという思惑もあります。「一帯一路」には地政学的な野望もすけて見えます。ユーラシア大陸中央部のハート・ランドを制するものは、ユーラシア大陸を制し、アメリカを凌駕すると考えられます。中国はこの理論を意識しているのでしょう。**ユーラシア大陸にインフラ事業を媒介とした中国中心の巨大経済圏を構築し、これを土台としてアメリカの覇権に挑み**

「一帯一路」でユーラシア支配を狙う中国

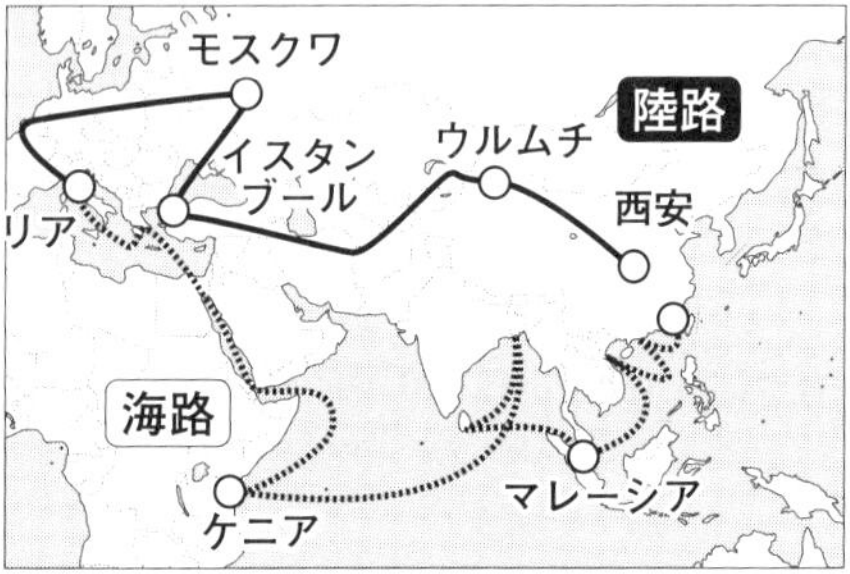

ハート・ランドとシー・レーンをおさえた巨大経済圏

「債務のわな」だとして反発を受け、行き詰まりを見せる

たい。これが「一帯一路」が描く真のシナリオなのです。

2012年から中国・中東欧諸国首脳会議（16＋1）を毎年開いています（リトアニアは2021年、ラトビア・エストニアは2022年に離脱）。代表的なプロジェクトとしては、中国が運営権を取得したギリシャのピレウス港を出発点にセルビアのベオグラード、ハンガリーのブダペストを高速鉄道でつなぐ物流ルートの整備計画があります。中国はこうした事業を足がかりに、東欧に進出しようとしています。

重要拠点をおさえる戦略

ところで、一帯一路にも各所で軋《きし》みがでてきています。というのも、「中国がやっていることは、開発途上国の支援という名を借りた支配戦略ではないか」という疑いがでてきているからです。

中国がやっていることは、相手国を借金漬けにして、抵抗できなくし、港湾や鉄道など戦略的な重要拠点をおさえるというものです。

実際、スリランカでは、2017年、中国の融資で建設したハンバントタ港が、中国に奪われました。**借金の返済が滞ったことから、今後99年間の港の利用権が中国に貸し出されたのです。**この港は、対インド封じ込め戦略の「真珠の首飾り」（P243）とよばれるシー・レーンの拠点であり、まさに中国の思う壺となってしまったのです。

こうした事例が広まるなかで、一帯一路の**「債務のわな」**に対する警戒感が強まっています。

マレーシアは、マレー半島を横断する東海岸鉄道など200億ドルのインフラ建設を中国と共同で進めていました。しかし2019年、マハティール首相（当時）は、債務の増大を理由に中国と再交渉し、大幅なコスト削減をさせました。

一帯一路の先行試験プロジェクトとして2013年にスタートしたのが、中国パキスタン経済回廊（CPEC）です。これは中東・アフリカ方面から中国への石油輸送ルートになるので、中国にとってはマラッカ・ジレンマ（P243）解消の1つの手段となります。しかし、パキスタンでは膨大な対中債務と中国企業優遇に反発が高まり、インフラ開発は停滞。事業の見直しを求める声が高まっています。

また、経済が低迷するイタリアは巨額の投資が見込めるとして、2019年にG7ではじめて一帯一路の覚書に調印しましたが、ドラギ前首相は「債務のわな」を警戒して見直しを表明。メローニ首相は、2023年12月、正式に一帯一路からの離脱を中国に通知しました。

中国包囲網の形成

現在、中国共産党は国家体制の発展・維持のために、国内外で強硬な姿勢を見せています。それは、一帯一路の「債務のわな」をはじめ、新疆ウイグル自治区、チベット、内蒙古などの少数民族などに対する弾圧、香港の一国二制度つぶし、そして台湾への圧力などがあります。

こうした中国に対し、**国際的な包囲網が形成されつつあります**。

たとえば、新疆ウイグル自治区での人権弾圧に対しては、２０２１年１月、アメリカのポンペオ国務長官（当時）が「ジェノサイド（集団殺害）」と認定。カナダやオランダ、イギリス、フランスの議会でも「ジェノサイド認定」が相次ぎました。人権問題を軽視できないアメリカやイギリスなどは、２０２２年の北京冬季五輪の外交的ボイコットを表明しました。アメリカは安全保障面の対中戦略として「クアッド」「オーカス」を形成（P75）。経済面では、中国企業への投資の制限や上場基準の厳格化、サプライチェーンの中国から国内への移転など、対中デカップリング（切り離し）を進めています。

このように西側諸国からの対中圧力が強まるなか、**中国国内では２０２３年に不動産バブルが崩壊**。ゼロコロナ政策撤廃後の経済回復に失敗し、失業率が高まり、未曾有の不況に襲われています。習近平政権は３期目発足から１年がたちましたが、外交と防衛の閣僚２人が相次いで解任され、混乱の様子が伝わってきます。

北極圏開発をめぐる争いがはじまっている

No.6

中国は資源開発に積極投資

シベリア北岸の北極圏はかつて厚い氷に閉ざされていましたが、温暖化の影響で１年を通してアクセスできるようになってきました。これまで「忘れられた地域」だった北極圏が、一転して経済活動の対象として注目されるようになってきています。

この北極圏開発では、沿岸国のロシアやアメリカ、カナダ、ノルウェー、デンマークがリードしてきましたが、ここ数年、アジアの中国が積極的に参入してきています。

北極圏の経済的魅力の１つは、**資源**です。

北極圏には、豊富な天然資源があるとされ、「世界の未発見で掘削可能な天然ガスの30％と石油資源13％」があるといわれています。

この資源開発で存在感を増しているのが中国です。たとえば、２０１７年末に生産がはじまったロシア北部の液化天然ガス（ＬＮＧ）工場の開発では、関連施設の7割以上が中国製で、投資額の３割は中国からのものです。２０１８年1月、中国ははじめて北極政策についての白書『氷上のシルクロード』を発表しました。**「一帯一路」を北極圏にまで広げ、積極的にかかわっていく方針**です。すでに２０１３年には上海に「中国・北欧北極研究センター」を立ち上げ、アイスランド・デンマーク・スウェーデン・ノルウェー・フィンランドと連携し、資源開発や政策立案を行ってきています。

中国がとくに注目しているのは、北極圏のなかでもグリーンランドです。グリーンランドはデンマーク領ですが、自治政府がおかれています。中国は、広大な国土に眠るレアアースやウランといった**天然資源の開発に投資するほか、空港の建設などインフラ整備などの事業でもかかわりを深めています**。グリーンランドとしては、中国からの投資を受けて経済的自立をはかることで、独立をめざしたい考えです。

しかし、中国がグリーンランドに空港などの戦略拠点を獲得すると、地政学的な火種を生む恐れがあります。アメリカはグリーンランドを安全保障上の重要な地域として空軍基地をおいています。今後、この地域で両国間の緊張が高まるかもしれません。

新たな貿易ルートを開拓

北極圏のもう1つの魅力が、**北極海航路**です。

北極海航路には、ロシア沿岸を通る「北方航路」と、北アラスカやカナダ沿岸を通る「北西航路」の２つがあります。群島海域を通る北西航路の利用は少なく、ほとんどは北方航路がメインです。ですから、日本語で「北極海航路」といったとき、基本的には北方航路をさしています。

ベーリング海峡から北極海に入り、ロシア沿岸を通る北極海航路は、日本～ヨーロッパ間で考えたとき、**スエズ運河を経由する従来のルートの3分の2に短縮**されます。それだけでなく、海賊被害などの多いスエズ運河航路を回避できることで、**安全性の向上**というメリットも生まれます。スエズ運河には、交通の要衝（チョーク・ポイント）という弱点があります。２０２1年3月には大型コンテナ船が座礁したことから、船舶が大渋滞を起こしました。こうしたリスクのない代替ルートとして北極海

地政学的意味が高まる北極圏

北極海航路

・従来の航路より距離が短縮

・北極点付近を通るルートは他国の監視がなく戦略面で有利

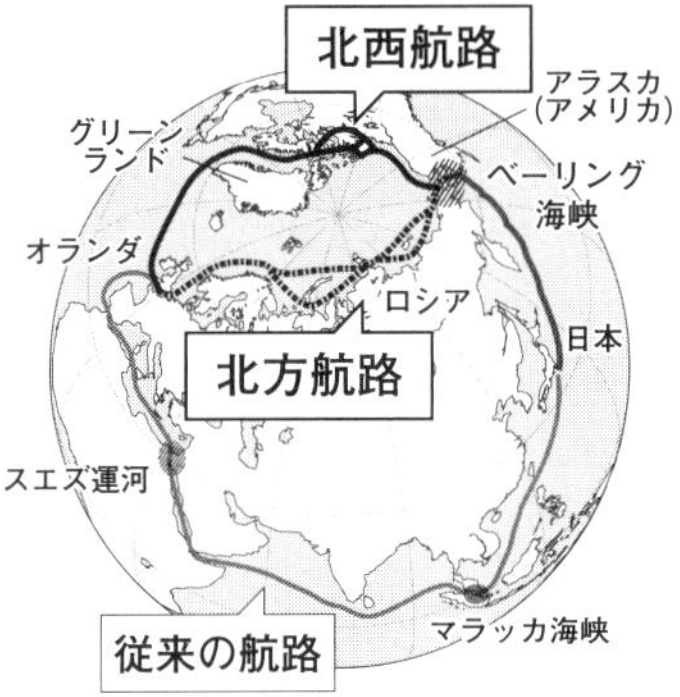

航路は改めて注目されました。

ロシアは北極海航路の売り込みに積極的です。この航路を利用するには、安全面の問題から、海氷を砕く砕氷船の同行が義務づけられていますが、ロシアは砕氷船をつけて高額の手数料を手にする仕組みをつくっています。いわばロシアの海上有料道路となっているのです。運用数は増加していて、２０１９年は２０１５年の約６倍にあたる３１５０万トンの貨物が輸送されました。２０２１年に北極海航路を利用した船は１０１４隻で、そのうち１６０隻がロシア以外の外国船籍でした。同年に輸送された貨物の量は３４８５万トンで、２０１２年から10倍近くに増えています。ロシアはこれを２０３１年までに２億トンにする計画です。

「氷上のシルクロード」構想で北極海を戦略的なシー・レーンと考える中国は、この航路を積極的に活用しています。中国は石油や天然ガスの輸入をペルシア湾やアフリカに依存していますが、この輸送はアメリカ海軍の監視のある拠点を通らなければなりません。**中国にとっては、アメリカ海軍の存在しない貿易ルートをきずきたい**のです。

長期的には、もう1つのルートが生まれる可能性があります。それが北極点の近くを通る**「極地横断航路」**です。北極の氷が溶けるようになると、毎年数か月間、極地を横断できるようになり、さらなる時間短縮、燃料費の削減につながります。このルートはロシアの管轄外になるので、中国にとってはより大きなメリットになります。

いずれにしても、**北極海航路をコントロールできるようになった国は、これからの国際的戦略を有利に進められるようになる可能性があります**。

2018年9月、中国は国産初の砕氷船を進水させ、極地での資源獲得活動を本格化させています。一部では「中国北極脅威論」が叫ばれていますが、ロシアは中国の台頭を警戒するよりも、パートナーとして歓迎しています。不足する砕氷船の建造、港湾、液化天然ガス用のターミナルなどのインフラの整備にはお金と技術が必要です。北極圏でも中露連携が加速しようとしています。

第5章

「地域」と「世界」の間で揺れる ヨーロッパの地政学

EU誕生！ なぜヨーロッパは1つになったのか？

No.1

問題山積のEU

ヨーロッパはEU（欧州連合）でまとまっていますが、最近のEUにはいいニュースがありません。ユーロ危機から中東の大量難民流入、各地で頻発するテロ、イギリスのEU離脱、南北格差など多くの問題を抱えています。

本章ではそれぞれの問題を地政学的な視点から見ていきたいと思いますが、まずはEU誕生にいたるヨーロッパ全体の地政学的な背景をおさえておきましょう。

ヨーロッパは大きな半島？

ヨーロッパは、大きな半島にあたります。どういうことかというと、ユーラシア大陸とアフリカ大陸を1つの大きな島（世界島）とすると、その西側につきでている半島がヨーロッパということです。マッキンダーはこのように発想しました。

半島は、海側は守りやすいですが、**大陸と接する付け根の部分はアキレス腱になります**。ここを支配されると侵攻を受けやすくなります。

ヨーロッパ半島の付け根は**東欧**です。バルト3国（リトアニア、ラトビア、エストニア）、ベラルーシ、ウクライナが、ヨーロッパ半島と大陸の境界になります。ここはヨーロッパにとって「バッファゾーン（緩衝地帯）」（P33）であり、ここを外敵に奪われると危機を迎えることになります。

実際、歴史上のヨーロッパの危機や混乱は、だいたいこのバッファゾーンへの侵入をゆるしたときに起きました。5世紀にはフン族が侵入し、西ローマ帝国が崩壊。13世紀にはモンゴル軍が侵攻し、ウクライナからベラルーシ、ロシアにいたる地域にキプチャク・ハン国が建国され、ヨーロッパの脅威となりました。14世紀以降はオスマン帝国が南東方面から侵入し、バルカン半島からハンガリーを支配し、ウィーンにま

EUが生まれたヨーロッパの地理的環境

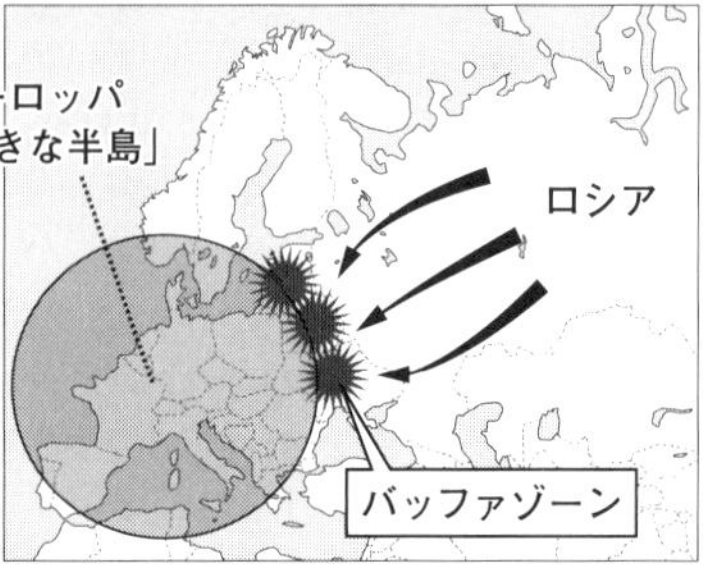

東欧のバッファゾーンを挟んで大国ロシアと対峙

↓

大国に対抗できる巨大な経済圏をヨーロッパに作る

でいたっています。

近代以降は、モンゴル支配を脱したロシアが勢力を拡大し、ヨーロッパの脅威となります。19世紀初頭、ロシアはナポレオン軍の侵攻をはねかえし、そこからはイギリスとのグレート・ゲーム（P37）に突入します。

これ以降、ヨーロッパとロシアが東欧のバッファゾーンを介して対立する、という構図は基本的に現代まで変わっていません。

第3極の道を模索する

戦後の冷戦期は、アメリカとソ連の2つの超大国のグレート・ゲームとなりましたが、そのあいだにはさまれ、**「この2つの大国に対抗する第3の経済圏をヨーロッパにつくる」という発想から生まれたのが、いまのEU**です。

まず、1952年に「ECSC（欧州石炭鉄鋼共同体）」ができました。ECSCのメンバーは、フランス・西ドイツ・イタリア・ベネルクス3国（オランダ・ベルギー・ルクセンブルク）の6か国です。ECSCは、フランス外相シューマンが示した「シューマン＝プラン」がもとになっていますが、そこには独仏の融和という願いも込められています。ドイツとフランスは、普仏戦争、第1次世界大戦、第2次世界大戦と3世代にわたって戦火を交えてきたので、**戦争の火種となる資源（石炭・鉄鋼）を共同管理し「二度と戦争を起こさない」と誓った**のです。

さらにシューマン＝プランからは、原子力の共同開発を目的とする「欧州原子力共同体（EURATOM、1958）」と、経済統合をめざす「欧州経済共同体（EEC、1958）」が組織されました。メンバーは同じ6か国です。そして、以上のECSC・EURATOM・EECの3つが統合してできたのが、欧州共同体（EC）です。1967年に誕生しました。

1973年、イギリス、アイルランド、デンマークが加盟したECは、「拡大EC」

と呼ばれます。その後、１９８１年にギリシャ、86年にスペイン、ポルトガルの南欧諸国が加盟して、ＥＵの原型が整いました。

ヨーロッパはこうして経済圏をつくりながら、同時にアメリカを中心とするＮＡＴＯ（北大西洋条約機構）という枠組みを使い、対ソ防衛網をきずきます。経済と軍事の両面でソ連に対抗していったわけです。

冷戦終結で東欧諸国を吸収

１９９３年、ＥＵが発足しました。

ＥＵがこの時期にできたのには理由があります。１９８９年にベルリンの壁が崩壊して、東西ドイツが統一され、ヨーロッパに強大な国が生まれたことから、**フランスなどのヨーロッパ諸国があせって、ドイツを仲間にとり入れるために欧州統合をいそいだ**、ということです。

では、ＥＵはどのような組織かというと、「人もモノも金も自由に動く共同体」です。共通通貨ユーロを導入し、パスポートチェックなしで域内を移動できます。また、共同の外交・安全保障政策をもっています。

ＥＵは、ＥＣの12か国でスタートし（なのでＥＵの旗には星の数が12あります）、現在は27か国にまで拡大しました（２０２０年1月にイギリスが離脱）。この急拡大の背景には、冷戦の終結があります。いわゆるバッファゾーンにある東欧諸国は、旧ソ連の共産圏におかれていましたが、冷戦終結で民主化され、西側の自由経済圏に入りました。ＥＵは、ロシアの弱体化につけこみ、バッファゾーンを吸収する形で東方に拡大したのです。しかし、またこれをロシアが押し戻そうとしている、というのが現在の状況です。

シー・パワーの教科書
海洋国家イギリスの強さの秘密

No.2

バランス・オブ・パワーの伝統

イギリスは、ヨーロッパ半島の西に浮かぶ島国で、シー・パワーの代表格です。すでにご紹介したように、イギリスのヨーロッパ大陸に対する戦略は、「バランス・オブ・パワー（勢力均衡）」でした（P30）。**ヨーロッパ大陸内でそれぞれの国の力が拮抗するようにしておいて、強国があらわれたときだけ叩く、という戦略**です。

基本的にこの戦略によって、イギリスは大陸からの侵略を防いできました。唯一、侵略をゆるしたのは、北方からフランス経由でやってきたノルマン人です。

11世紀、イギリスはノルマン人のウィリアム1世によって征服されました（ノルマン征服、１０６６年）。

ちなみに、このときの征服者であるノルマン人と被征服民族のアングロ・サクソン人の対立が、イギリス近代議会政治の母体となっているといわれています。

ソ連との同盟は失敗？

イギリスは海に囲まれていて、比較的少ない兵力で守りを固められるので、その余力を植民地の獲得に注ぐことができました。そして、植民地で大量の原材料を獲得することによって、産業革命を成功させました。18～19世紀にかけてイギリスは世界帝国をきずきます。

「世界島（ユーラシア＋アフリカ）」のリム・ランドとマージナル・シーをおさえたイギリスですが、これに対抗したのが、ハート・ランドをもつロシアです。「グレート・ゲーム」となります（P37）。

イギリスは、ハート・ランドをもつロシアを倒すことはできないと冷静に分析し、封じ込め戦略でその拡大を防ぎました。

第２次世界大戦では、ドイツが東欧からソ連に侵攻する動きを見せたので、マッキンダーのテーゼ（「東欧を制するものはハート・ランドを制する。ハート・ランドを制するものは世界を制する」）にしたがい、ソ連と同盟を結んでドイツを抑え込みました（P37）。

しかし、この戦略は見方によっては失敗だったとする分析もあります。**バランス・オブ・パワーの原則にしたがえば、ソ連とドイツは戦わせて消耗させておき、勝ったほうを叩く、という戦略でよかった**ということです。

イギリスにとってなぜこれが失敗だったかというと、第２次世界大戦の拡大を招き、日本を敵にまわしたからです。日本によってアジアの植民地はことごとく解放させられてしまい、さらにはアフリカ諸国の独立に発展し、ついにはすべての植民地を失ってしまいました。

「EU」か「栄光ある孤立」か？

戦後のイギリスは、ヨーロッパ大陸とのつきあい方で模索がつづいています。

基本的にはバランス・オブ・パワーで、沖合（オフショア）から距離をとって観察するというスタンスです。ヨーロッパ大陸に関与しない「栄光ある孤立」という路線です。

しかし、ヨーロッパ内でぶつかり合う時代は終わり、ヨーロッパは1つにまとまろうとしていました。外から観察しているだけ、というわけにもいかなくなりました。

ＥＣができたとき、イギリスは仲間に入れてもらおうとしましたが、反米反英を掲げるフランスのド＝ゴール大統領の反対で加盟できませんでした。イギリスは、ＥＣに対抗して「ヨーロッパ自由貿易連合（ＥＦＴＡ）」を１９６０年につくりましたが、ＥＣに押されてうまくいきません。結局、ド＝ゴールの影響力が弱まった１９７３年、ＥＦＴＡを脱退し、ＥＣに入れてもらいました。

ただ、国内にはこのときすでに、「ヨーロッパ大陸諸国とは別の選択をするべきだ」という**加盟反対論**がありました。１９７５年、労働党のウィルソン政権はＥＣ加盟をめぐって国民投票を行いましたが、結果は「加盟継続」となりました。

イギリスはＥＵにも加盟します。しかし、あいかわらず国内には反対派がいて、「所得再分配で弱者保護を重視するドイツ・フランスにあわせたら、経済が停滞する」

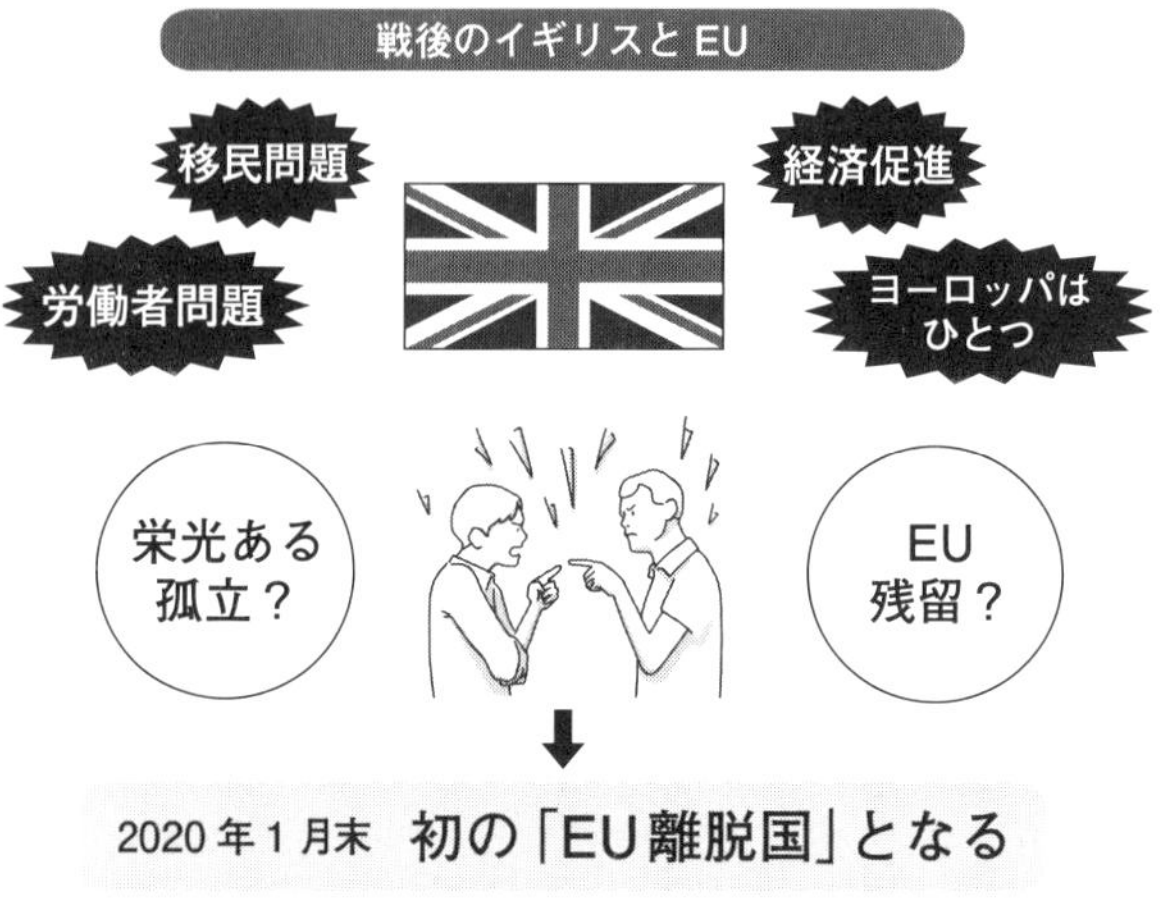

と批判がありました。共通通貨ユーロについては、自国の貨幣ポンドが強いので、イギリスは参加していません。

ＥＵ拡大で好循環を見せていたときはよかったのですが、**ユーロ危機や移民の流入など、さまざまな問題が噴出してきました。**ユーロ危機は、２００９年にギリシャの財政赤字が発覚したことをきっかけに起きた金融危機です。ギリシャのような財政赤字がポルトガルやイタリア、スペインなど（ＰＩＩＧＳ諸国）にあることも判明し、どこかの国がデフォルト（債務不履行）となれば、その国債を買い支える各国の巨大銀行がたてつづけに倒産する危機となりました。ＥＵは、厳しい

「緊縮財政」を条件にギリシャを支援しました。しかしこれには、イギリスをはじめとしたＥＵ諸国で、「自国の税金を他国のために使うな」と不満が高まりました。

また、２００４年以降にＥＵに加盟した東欧諸国（ポーランドやルーマニアなど）からやってきた大量の移民も大きな問題になりました。移民によって低賃金の職を奪われ、移民に対する福祉給付が財政を圧迫したのです。これでイギリス人の潜在的な「反ＥＵ」の感情に火がつきました。

それが、２０１６年６月23日のＥＵ離脱を問う国民投票につながります。結果、ＥＵ離脱賛成派52％・反対派48％で、離脱派が勝利。国民投票には「法的拘束力」はありませんが、新首相に就いたテリーザ・メイは、２０１７年３月29日、ＥＵに離脱を正式に通告しました。メイ首相はＥＵとの交渉をへてＥＵ離脱（ブレグジット）協定をまとめましたが、イギリス議会はこれを３度否決。しかし、新首相となったＥＵ離脱強硬派のボリス・ジョンソンは離脱協定案を議会に承認させ、**２０２０年１月末、正式にＥＵ離脱を果たしました。**

EU離脱後のイギリス独立問題再燃と新国際戦略

No.3

4つの地域で構成されるイギリス

EU離脱後のイギリスの国内外の地政学的な問題や展開を見てみましょう。

まず、イギリスの基本情報です。

イギリスの正式名称は、「グレートブリテン及び北アイルランド連合王国」といいます。イギリス人が住む島を、「グレートブリテン島」というので、この名称がついています。グレートブリテン島には「イングランド人（アングロ・サクソン人）のイングランド」「ウェールズ人のウェールズ」「スコットランド人のスコットランド」という3つの地域があります。これに「アイルランド人のアイルランド島北部」を加えた合計4つの地域で現在のイギリスは構成されています。それぞれの地域は、権限の幅は異なりますが、独自の議会をもっています。

この4つの地域のうちいま問題となっているのが、スコットランドと北アイルランドです。

スコットランド独立が現実味？

スコットランドは、クロムウェルの征服戦争のすえ、1707年にイギリスに併合されました。

併合から300年以上がたちましたが、いまスコットランドでは独立の機運が高まっています。理由には、1970年代に採掘がはじまった北海油田の利益がほとんど地元スコットランドに還元されていないことや、イングランドとの間に経済格差が広がっていることなどがあげられます。

このように、国家に吸収される前の地域で独立しようという動きは、**「リージョナリズム（地域主義）」**といい、スペインのバルセロナなど、ヨーロッパ各地で見られる動きです。

２０１４年９月、スコットランドで実施された独立を問う住民投票では、僅差で独立は否決されました。しかし、独立機運は高まっています。

スコットランドがもしも独立したら、ＥＵ加盟をめざします。ＥＵに新規加盟するには、加盟国の１か国でも反対したらできませんが、反対する可能性のあったイギリスはＥＵを離脱しました。**スコットランドが独立、そしてＥＵ加盟にいたる道筋が見えたことで、独立支持者が増えています**。

独立派は再度の住民投票を求めていましたが、２０２２年、イギリスの最高裁は住民投票は「英政府の同意なしに実施できない」と判断。スナク英政権は住民投票の実施に反対していることから、独立に向けた道筋は絶たれようとしています。

南北アイルランド統一の動き

アイルランドは、１６４９年にクロムウェルが征服しました。アイルランドにはカトリック教徒が多かったのですが、これ以降イギリスからプロテスタントの入植者が

イギリスのEU離脱に伴う地域問題

リージョナリズム

現在の国家に吸収される前の「地域」で独立をはかる動き

 スコットランド	 アイルランド
イギリスへの不満と親EUの立場 ➡ EU加盟をめざして独立の動きが加速	北アイルランドとグレートブリテン島の物流が停滞 ➡ 通関の見直しが必要

増え、両者の間に対立が生じました。カトリック教徒はアイルランドの独立を求める運動を起こし、その結果、１９２２年にアイルランド自由国が発足しました。しかしこのとき、プロテスタントが多かった北アイルランドは分離してイギリスにとどまりました。

その後、北アイルランドのなかでも少数派のカトリック教徒はアイルランドへの併合を求めて武装闘争を起こしました。それが「アイルランド共和国軍（ＩＲＡ）」です。70〜80年代には、激しいテロ活動が展開されました。ようやく和平合意が成立したのは、１９９８年のことです。

さて、イギリスのＥＵ離脱交渉では、イギリスとアイルランドの国境が問題となりました。

これまでともにＥＵの単一市場と関税同盟に

入っていた北アイルランドとアイルランドの国境は、紛争の再発を防ぐため「開かれた国境」を重視してきました。**もしもこの国境に検問所や通関など物理的な分断を示すものができると、ふたたび情勢が不安定になる恐れがあります**。かといって、北アイルランドだけをＥＵの関税同盟内に残すと、北アイルランドのイギリスからの離脱と、「南北アイルランド統一」をうながす危険があります。

この問題は２０２３年２月、イギリスとＥＵが「ウィンザー・フレームワーク」という新たな枠組みを結ぶことで一応の決着を見ました。北アイルランドへ持ち込まれる物品に関して、北アイルランドに留まるものとＥＵ向けのものを分けて手続きを行い、北アイルランドに留まるものに関する手続きを簡略化するということになりました。

グローバル・ブリテン構想

さいごに、イギリスの国際戦略も見ておきます。

ＥＵ離脱後のイギリスが掲げているのが、「グローバル・ブリテン」構想です。これは**ＥＵのルールにしばられることなく、世界の舞台で積極的に活躍するというもの**

で、大英帝国時代のイギリスの輝きを取り戻す試みといっていいでしょう。

その象徴が、スエズ運河以東の中東やインド洋の防衛への関与を表明したことです。イギリスは１９６８年以降、スエズ以東から軍を撤退させ、ＮＡＴＯの枠組みのなかでヨーロッパ防衛に専念してきましたが、これを改めるとしたのです。

当然、ユーラシア大陸のランド・パワーである中国・ロシアを警戒します。20世紀初頭、イギリスは、ロシアの極東への進出を防ぐため、同じシー・パワーの日本をパートナーに選び、日英同盟を結びました。これと同じことがいま、起きています。

２０１７年の日英安全保障共同宣言以降、**「第２次日英同盟」の可能性が高まっています**。イギリスは日本主導の枠組みを重視し、安全保障面では中国包囲網の「クアッド」（日米豪印戦略対話）と連携します。２０２２年10月に首相となったリシ・スナクはインド系・ヒンズー教徒であり、インドとの関係も強化されるでしょう。

経済面では、２０２３年3月、ＴＰＰ（環太平洋パートナーシップ）への加入が認められました。欧州からの加盟はイギリスが初です。**イギリスは、今後成長が期待できる太平洋経済圏へのアクセス権を手にしました**。これも「グローバル・ブリテン」構想の一環です。

ランド・パワーのドイツの戦略
EU一強の弱みは中露依存

No.4

ドイツの一人勝ち

EUのなかで起きている問題の一つが**「南北問題」**です。これは北部の黒字国と南部の赤字国というEU内に生じている格差問題です。この南北問題は「ドイツの一人勝ち」ともいえます。ドイツが断トツの黒字だからです。

しかしそのドイツにも陰りが見られます。地政学的に見てみましょう。

大国にはさまれたランド・パワー

現在のドイツですが、ここには昔からドイツという国があったわけではありません。中世には、「神聖ローマ帝国」という国がありました。これは滅亡した古代ローマ帝国（西ローマ帝国）の皇帝の冠をうけついでいた国家で、実際には３００を超える小さな国の集まりでした。そのなかから台頭したのがプロイセンです。プロイセンは、フランスとの戦争（普仏戦争、１８７０〜１８７１）に勝ったことをきっかけにドイツを統一しました。

この統一を主導した宰相ビスマルクは、「フランスだけを相手にし、イギリス・ロシアとは手を組む」という戦略を立てました。ドイツは、ランド・パワーの大国ロシアとフランスにはさまれているうえ、大西洋に出ようとすると、そこにはシー・パワーの大国イギリスが待ち構えています。これら3国を相手にすることは不可能と考えました。

ところが、皇帝ヴィルヘルム2世はこれに反対して、**「ドイツは欧米列強の1つになる」というビジョンを立てました**。あくまでも、大国とはりあう道を選んだのです。ランド・パワーのドイツは、鉄道網を建設して中東方面に侵出し、植民地をつくる戦略を進めました。ベルリン・ビザンチウム（イスタンブール）・バグダッドを鉄道で結びペルシア湾の出口をめざす**「３B政策」**です。これに対し、シー・パワーのイギリスは、ケープタウン・カイロ・カルカッタをシー・レーンで結ぶ「３C政策」で対抗しました。

世界史でおなじみの３B政策と３C政策は、「ランド・パワーとシー・パワーの対立」という視点から見ることが大切です。

さて、ドイツはイギリス・ロシア・フランスを同時に敵にまわした結果、第１次世界大戦で敗北します。未完に終わった鉄道は、１９４０年にバグダッド鉄道として開通しています。

第１次世界大戦の失敗をふまえた戦略を考えたのがヒトラーです。ヒトラーは、シー・パワーの大国イギリスとの戦いを避け、ソ連を倒すという戦略を立てました。**ナチス・ドイツのなかには、ソ連とランド・パワー同盟をきずいて、イギリスのシー・パワーに対抗するという考えもありました。**それが独ソ不可侵条約です。しかし、ヒトラーは条約を破棄して独ソ戦を強行。すると、イギリスはソ連と軍事同盟を結んで対抗し、ドイツは敗れます。これが第２次世界大戦です。

戦後のドイツは、米英のシー・パワーとソ連のランド・パワーによって東西に分割されます。冷戦時代のドイツは東西の陣営のバッファゾーンになっていたのです。西ドイツはシー・パワー同盟のＮＡＴＯに加盟するほか、フランスと和解してＥＣからＥＵへという欧州統合の枠組みのなかで再生を図ります。そして、冷戦の終結で東ドイツを吸収します（東西ドイツ統一）。この統一ドイツの誕生が、ＥＵ結成の１つのきっかけとなりました（Ｐ152）。

ロシア依存の功罪

ＥＵのなかでドイツ経済は一強を誇りました。

その要因の１つには、**プロテスタントの国であるため、金儲けと蓄財が推奨され、真面目に働く人が多い**ことがあります。蓄財（＝資本）が次の事業を起こし、経済はより活性化します。

また、ドイツは資源に乏しいですが、モノづくりが得意で、機能性とデザイン性に優れた良質な商品をつくります。その販売先はＥＵの国々です。ＥＵ内は関税ゼロのため、輸出がしやすいのです。

ユーラシア二大勢力にはさまれたドイツ

●第2次世界大戦時のドイツ

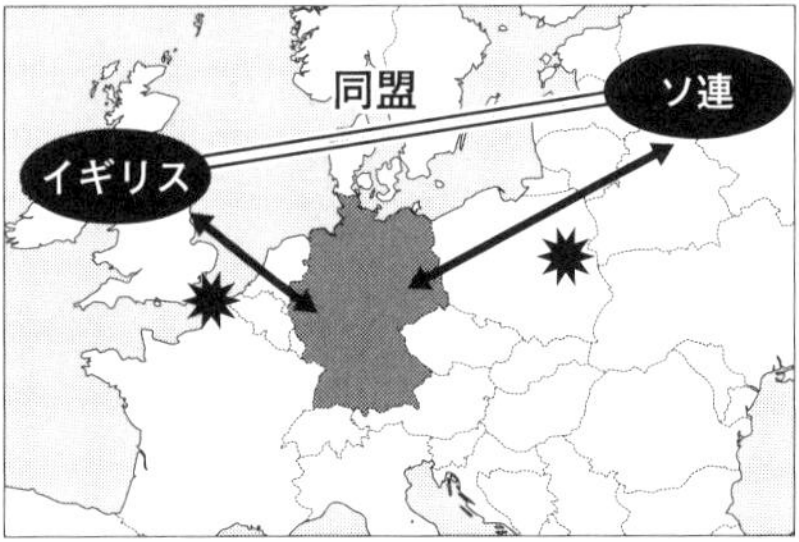

ランド・パワー同盟破棄の結果、双方を敵に回し敗北

⬇

エネルギーを通じてロシアとランド・パワー同盟を結ぶ？

実力よりも相対的にユーロ安になることも好材料です。通常、黒字の国の通貨は評価が高くなりますが、共通通貨ユーロはほかの赤字の国と共有されるので、本来の実力よりも「ユーロ安」になります。**ユーロ安を武器に輸出が好調となりました。**

もう1つ、ロシアからパイプラインで供給される安い天然ガスも経済発展を後押ししました。独露のエネルギーを介した相互依存関係は、ランド・パワー同盟の復活と見ることもできます。

ところが、この間の強いドイツを牽引したメルケル首相（当時）の戦略にもほころびがあらわれました。

その1つのきっかけは2015年、メルケルが100万人の移民受け入れを打ち出したことです。これには国民が反発し、総選挙や各地の州議会選挙で反移民・反EUをうたう政党が台頭しました。

ドイツ経済も失速。原因は、メルケルが進めた中独連携です。メルケルは好景気の中国との結びつきを強め、ドイツ経済を押し上げました。しかし、**米中貿易戦争以降の中国経済の失速にひきずられ、ドイツ経済も低迷した**のです。

一方、メルケルの脱炭素・脱原発路線は、電力不足・価格高騰を招き、製造業の経営を圧迫しています。結果、**エネルギーのロシア依存が高まりました**。

そんななか2022年にロシアのウクライナ侵攻がおき、ドイツはエネルギーのロシア依存を見直さざるをえなくなりました。脱炭素・脱原発の政策は堅持し、原発はほぼ予定通りの2023年4月にすべて停止。現在のショルツ政権は、再生可能エネルギーの比率を高める計画です。しかし、エネルギー価格の高騰により、企業の生産拠点が国外に移り、雇用が奪われ、ドイツ経済の競争力が低下する恐れがあります。

EUで一強を誇ったドイツですが、その成長を支えた中露依存が足を引っ張る形となり、欧州でのプレゼンスが急速に低下しています。

シー・パワーを諦めたフランス テロ頻発の現在地

No.5

移民がテロリストになっていた

フランスではテロがたえません。２０１５年1月の仏新聞社銃撃テロ、同年11月のパリ同時多発テロ、２０１６年7月のニース・トラックテロをはじめ、２０２０年までに大小のテロが各地で頻発しています。

一連のテロを見ると、「移民問題」という共通したテーマがうかびあがってきます。いずれもイスラム過激派によるテロではありますが、**実態はフランスで生まれ育った移民の若者が起こしたテロ**です。このように国内で生まれ育った者が国外の過激派思想に影響されて起こすテロを「ホームグロウンテロ」といいます。昨日までふつうに生活していた若者が突然、テロを起こす。まさに、だれがテロリストかわからない恐ろしい状況です。

ここでは、フランスの地政学的なベースをおさえながら、国民の不満が蓄積する現在のフランスの状況を見ていきます。

シー・パワー大国には勝てなかった

フランスは、シー・パワーとランド・パワーという2つの側面を持ちます。大西洋と地中海という2つの海に面していることから、シー・パワーの側面を持つと同時に、広大で豊かな国土を持つランド・パワーの側面を持ちます。シー・パワーではたった32キロメートルしかないドーバー海峡を介して対面するイギリスと争い、ランド・パワーではアルザスやロレーヌの国境地域をめぐってドイツと争ってきました。

17世紀末〜19世紀初頭にかけては、**イギリスと植民地戦争を繰り広げました**。ヨーロッパ大陸での戦争と連動して、アメリカ大陸やインドにおいてたびたび激突しました。しかし、最終的にはフランスが負けます。その要因としては、フランスは大陸での本土防衛に兵力をさかれ、海外派兵のゆとりがなかったことと、イギリスに比べてはるかに豊かな農業国であったため、海外移住のモチベーションが低かったことが考えられます。

勝ったイギリスは、広大な植民地を形成し、18世紀の産業革命を経て（Ｐ１５５）、大英帝国への道を歩みます。一方、フランスは植民地戦争で疲弊し、さらにアメリカ独立戦争に加担したことで財政難に陥りました。国王ルイ16世は増税を強行しますが、これが反発を受け、フランス革命の引き金となります。ちなみに、フランス革命はイギリスがフランスの内部分裂を引き起こすためにしかけた謀略という見方もあります。

革命後の混迷のなかから**ナポレオン**が登場しました。ナポレオンは大陸では連戦連勝でしたが、最大の敵であるイギリス征服をねらったトラファルガー海戦では敗れました。結局、ナポレオン戦争は、大きく見れば英仏の争いでした。ロシア遠征は、イギリス弱体化をねらった大陸封鎖令を破ったロシアに対する制裁であり、この失敗でナポレオン帝国は崩壊に向かいます。ナポレオンは、最終的にはワーテルローの戦いでイギリス軍に敗れるわけです。

ナポレオンでさえもイギリスに負けた。フランスはこのとき、シー・パワーのイギリスにかなわないと悟るわけです。フランスはこれ以降、イギリスとは争っていません。**ランド・パワーとして大陸でドイツと覇権を争うことになります**。

第1次世界大戦、第2次世界大戦では、シー・パワー大国のイギリス・アメリカと組んで、ドイツを叩きます。戦後は、ドイツと融和し、欧州統合を主導していきます。

欧州最大の移民大国になる

第2次世界大戦後、経済成長期に不足する労働力をおぎなうため、旧植民地のアルジェリアをはじめとする**北アフリカなどから大量の移民を受け入れました**。

ところが、オイルショック後の経済不況で移民が必要なくなると、1974年、働くことを目的とする移民受け入れは停止しました。ただ、定住化した移民の家族の呼び寄せは認めたことと、二世・三世の誕生により、移民の数は500万人にまでふくれあがりました。これはヨーロッパ諸国でも最大規模です。

大規模テロが続くフランスの内情

ナポレオンの敗北を機に
ランド・パワーの国へ

戦後の問題　人口減少で受け入れた移民問題

「自由・平等・博愛」のもとに
寛容に受け入れていたが…

↓

人種や宗教を理由にした差別

↓

ホームグロウンテロの誕生

フランスは、移民に寛容な国です。フランス共和国の理念である「自由・平等・博愛」の精神を共有する者ならば、国家の一員として受け入れる考えです。しかし、表向きは「平等」をうたいながら、学校・職場でのイジメや就職差別など、社会のなかには人種や宗教を理由とした「差別」が厳然と存在しています。

差別を受け自分の居場所を見つけられない移民の若者が、テロ組織の勧誘動画を見て、そこに自分の居場所を感じたらどうなるでしょうか？　ここにホームグロウンテロが起こる背景があります。

右傾化する「フランスリスク」

エマニュエル・マクロン大統領は、2022年4月の大統領選に勝利し、2期目に入りました。マクロンはグローバリストで、自由貿易と規制緩和でフランス経済を復調させました。エネルギー政策では、ウクライナ戦争前の2022年2月に新たに原発14基を設置する計画を明らかにしました。フランスは発電量の7割近くを原子力発電でまかなっていますが、安くて安定的な原発をさらに推進します。

一方で、コロナ禍前から温暖化対策のための燃料税増税や年金制度改革など、国民に負担をおしつける政策はたびたび反発を招きました。2023年6月には、パリ郊外でアルジェリア系の少年が警察官に射殺されたことから、フランス各地で暴動が起き、移民政策や警察の対応をめぐり厳しい批判を受けました。

フランスでは**反グローバリズム・反EU・反移民の右傾化が進んでいます**。その受け皿の1つとなっているのが、右派・国民連合のマリーヌ・ルペンです。

EU中枢にあるフランス国内の右傾化は「フランスリスク」です。欧州統合はロシアという外からの圧力ではなく、内部から崩壊するリスクを抱えています。

パンデミック後の欧州の憂鬱 反EU・反グローバリズムの波

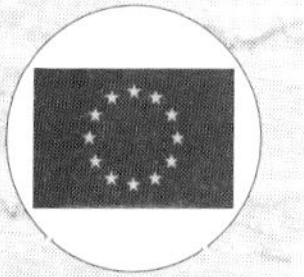

No.6

反EUのうねり

近年のEUでは、統合の和を乱すようなさまざまな試練が襲うなかで、反EU・反グローバリズムのうねりが高まっています。

最初の衝撃は、**2009年のユーロ危機**と**2015年の欧州難民危機**でした。ユーロ危機では、ギリシャの財政赤字が過少に計上されていたことが発覚し、欧州全体に金融不安が広まりました。欧州難民危機では、中東・北アフリカから押し寄せる難民の受け入れをめぐってEU加盟国間の対立が深まりました。

いずれも「人もモノも金も自由に移動する」というEUのグローバルなシステム

の矛盾があらわになった問題です。これをきっかけに、各国でＥＵ統合路線に対する不信感が高まりました。

ウクライナ支援か自国優先か

２０２２年2月にはじまったロシアによるウクライナ侵攻では、ＥＵ加盟国は米英とともにウクライナ支援、そしてロシア制裁に加わりました。しかし、ロシア産エネルギーの輸入を制限したことで、エネルギー価格は高騰し、インフレが加速。**ロシアに対する制裁は欧州自体に跳ね返る結果**となりました。

すると、ＥＵ加盟国の間で結束の乱れが生じはじめます。輸入ガスの8割をロシア産に依存するハンガリーは、オルバン首相がロシア制裁を批判。チェコでは、自国民よりもウクライナを優先しているとして政権に対する抗議デモが起きました。

ウクライナ戦争が長期化するなか「支援疲れ」も起きています。２０２３年10月、スロバキアの新首相に就任したフィツォは、ハンガリーのオルバン首相とともに、「ウクライナでの戦争は私たちに一切無関係だ」として、ウクライナへの追加の軍事

ウクライナ戦争を契機としたEU各国の動き

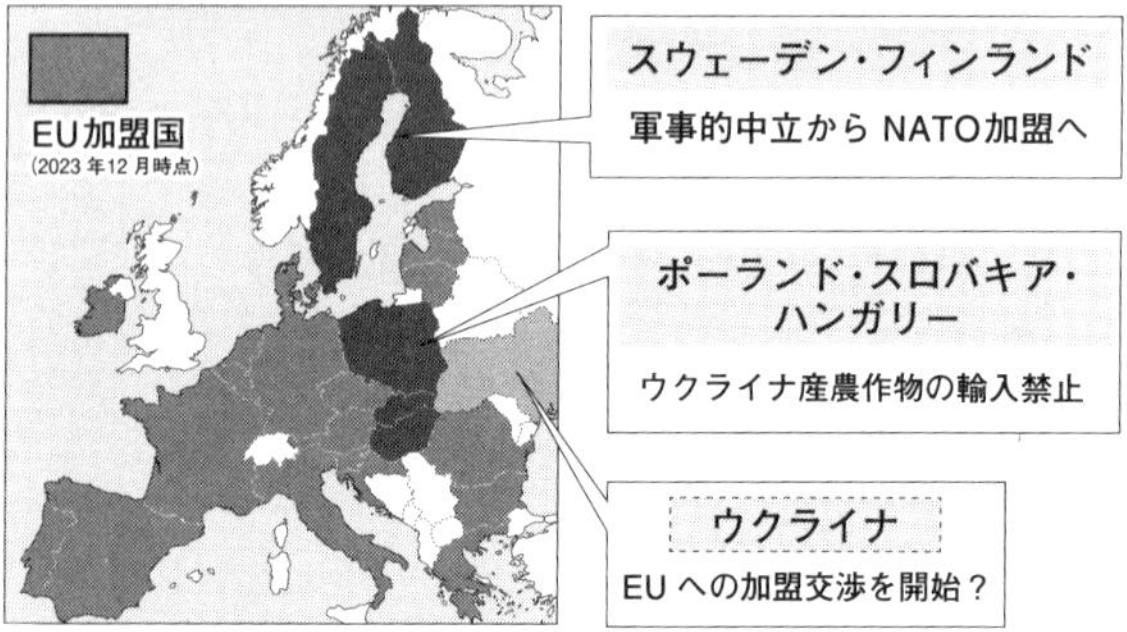

支援に反対。人道支援に限定すると表明しました。

またポーランドは、ウクライナの熱心な支援国の1つでしたが、ウクライナから大量の穀物が流入したことで反発を強めています。

ウクライナでは、ロシア軍が黒海を支配したことから、アフリカや中東に向けて黒海経由で輸出することが困難になりました。EUは支援策として関税を免除してウクライナ産穀物を受け入れましたが、価格が押し下げられ、ポーランドやハンガリーの地元農家に大きなダメージを与えました。

EUはポーランドなど中欧5か国へのウクライナ産農産物の輸入の停止を認めました。ポーランド、ハンガリー、スロバキアは、輸入停止期間後もウクライナ産農産物の輸入を禁止しています。

その後、ウクライナとポーランドは、ポーランド経由でリトアニアのバルト海に面したクライペダ港へ輸送することで合意しています。

一方、**ウクライナ戦争をきっかけに、ＮＡＴＯ拡大の動きが起きています**。

北欧のスウェーデンとフィンランドは、ＥＵ加盟国でありながら、軍事的な中立政策によって平和を維持してきました。それが、ロシアの脅威に対応するために方針を転換し、ＮＡＴＯ加盟手続きをはじめました。

新規加盟には既存の全加盟国の賛成が必要です。問題はロシア寄りのトルコとハンガリーの対応で、とくにトルコは北欧２か国の加盟には反対の姿勢でした。トルコでは、クルド人の分離独立運動は大きな問題であり、クルド労働者党（ＰＫＫ）はテロ組織として取り締まりの対象となっています。このクルド人勢力の一部が海外に逃れ、フィンランドやスウェーデンに拠点を構えているとされます。両国は、トルコと取り引きし、クルド人過激派の引き渡しなどに応じています。

この結果、**フィンランドは２０２３年４月に正式にＮＡＴＯ加盟**。これによりロシアとＮＡＴＯの間の国境線の長さは１３００キロあまり増え、これまでの２倍となりました。しかし、スウェーデンでは反イスラム色の強い右派政権が発足したことから、トルコが難色を示しています。北欧ではすでにノルウェーがＮＡＴＯ加盟国です。もしもスウェーデンがNATOに加盟すると、北欧の非NATOゾーンが消滅します。

イスラエル・ハマス戦争

2023年10月に勃発したイスラエルとハマスの戦闘は、EUの結束にふたたび亀裂を走らせる事態となっています。ハマスがイスラエルを奇襲攻撃した際、フランス、ドイツ、イタリアはアメリカ・イギリスとともに、イスラエルへの支持、そしてハマスによる攻撃を非難する共同声明を発表しました。一方、スペイン、アイルランドは、イスラエルのガザ攻撃にはより慎重な姿勢をとりました。

この戦争では、世論が大きな影響力を発揮しています。欧州各国では、イスラエルのガザ攻撃に反発が高まり、休戦を求める声が強まりました。イスラム教徒が人口の1割を占めるフランスでは、政府が親パレスチナのデモを禁止したにもかかわらず、大規模なパレスチナ支持のデモが発生しました。

EU最大のチョーク・ポイント、移民・難民問題

北アフリカ・中東からの移民・難民の受け入れ問題もつづいています。今回のイスラエル・ハマス戦争が収束せず、もしも中東全体に紛争が拡大するようなことになると、さらに難民の数は増えるでしょう。イタリアやギリシャでは、自国が移民・難民らの玄関口になっていることへの不満が高まっています。

２０２１年には、ベラルーシから中東の移民がEU側（ポーランド、リトアニア、ラトビア）に流れ込む動きがありました。これはハイブリッド戦争の一環で、**移民・難民を「武器化」して送り込んだもの**といわれています。

EUにとって移民・難民はチョーク・ポイントとなっています。意図的に攻撃される可能性も想定した対応策を考える必要があります。EU内で公平に移民・難民を受け入れる仕組みづくりがめざされていましたが、２０２３年12月、移民を管理する共通システムの導入や移民をEU全体で分担する制度改革案で合意しました。

EU内で右傾化が強まる

EUというグローバルな枠組みがもたらす矛盾が噴出するなか、今後を左右するような大きな動きがありました。

２０２３年11月、**オランダの総選挙でウィルダース党首が率いる極右政党が、予想外の大勝をおさめた**のです。ウィルダースは、反移民・反ＥＵを掲げています。トランプと同じように自国第一主義であり、「オランダのトランプ」ともよばれています。現時点では議会で単独過半数をとっていないため、首相となるかどうかはわかりませんが、もしもウィルダースがオランダ首相となると、彼がめざすＥＵ離脱の是非を問う国民投票に踏み切るかもしれません。

イタリアでは、「自国優先」「反移民」を掲げた右派政党「イタリアの同胞」が躍進し、党首のメローニが首相となりました。反ＥＵの代表であるフランスの「国民連合」（旧・国民戦線）やドイツの「ドイツのための選択肢」なども支持を急速に伸ばしています。これらの政党は大衆の不満や怒りの受け皿となっているという意味で「ポピュリズム政党」といえますが、これら**反移民・反ＥＵを掲げたポピュリズム政党が**今後、どれほど躍進するのかが注目されます。

第6章

紛争と大国の思惑が渦巻く

中近東の地政学

100年前の人工的国境画定で書き換えられた中東

No.1

地政学的リスクの高い中東

中東はつねに多くの地政学的リスクをかかえた地域です。イラク戦争からアラブの春、シリア内戦、ＩＳの台頭、イランの核開発疑惑、最近ではイスラエルとイスラム組織ハマスの交戦など、次から次へと国際的問題が勃発します。しかも**中東諸国だけでなく欧米の大国の利害が複雑にからまっているので、非常に混沌とした様相になります。**

まずは、いまの中東の地図がどのように生まれたのか、その歴史的背景から見ていきましょう。

サイクス・ピコ協定でアラブがバラバラに

かつての中東は安定していました。オスマン帝国がしっかり統治していて、宗派対立も民族対立もほとんど起きませんでした。

ところが20世紀初頭、中東方面への進出をうかがうロシアとドイツがぶつかります。ドイツの台頭を嫌うイギリスとフランスはロシアと手を組み、オスマン帝国はロシアの南下政策を防ぐためドイツと手を組みました。こうして第1次世界大戦が勃発しました。

大戦はオスマン帝国が不利となります。すると１９１６年、ロシア・イギリス・フランスは、戦後のオスマン帝国領をどうするか、あらかじめ決めておこうということで、**サイクス・ピコ協定**を結びました。

その内容は、**地図上にただ定規で線を引いたようなしろもので、民族や宗教の分布をまったく無視したもの**でした。それがほとんどそのまま実行されたので、いまのシリア・イラク・ヨルダンあたりの国境線は、ほとんど直線になっています。

フランス領は、シリアやレバノンです。シリアには、内陸部にはスンナ派、地中海沿岸部にはシーア派（アラウィ派）やキリスト教徒がいました。イギリス領はイラクです。シリア国境に近い西部にはスンナ派、ペルシア湾に面した南部にはシーア派、北部にはスンナ派のクルド人がいました。ロシア領は、トルコのイスタンブールとアナトリア、ダーダネルス・ボスポラス海峡のあたりということになりました。

サイクス・ピコ協定は密約です。アラブ人には知らされていません。ところが１９１７年、ロシア革命が起き、レーニンは、それまで帝政ロシアが結んだ条約を一切継承しないとしました。このとき、サイクス・ピコ協定の存在が暴露されてしまいます。

アラブ人は、イギリスに説得されてオスマン帝国との戦いにかり出されました。いわゆる「アラブの反乱」といわれるもので、映画『アラビアのロレンス』にも描かれています。イギリスは、反乱の見返りとして、戦後の独立を約束していました（フサイン＝マクマホン協定）。ところがイギリスは、その約束に反する取り決めをしていたことがバレたのです。これにはアラブ人は怒りましたが、結局、ロシアの取り分をのぞくと、サイクス・ピコ協定の通りに分割されてしまいました。

こうして、いまのイラクやヨルダン、レバノン、シリアという国が人工的につくら

中東　混乱の歴史の原因

第１次世界大戦後　オスマン帝国の分割（サイクス・ピコ協定）

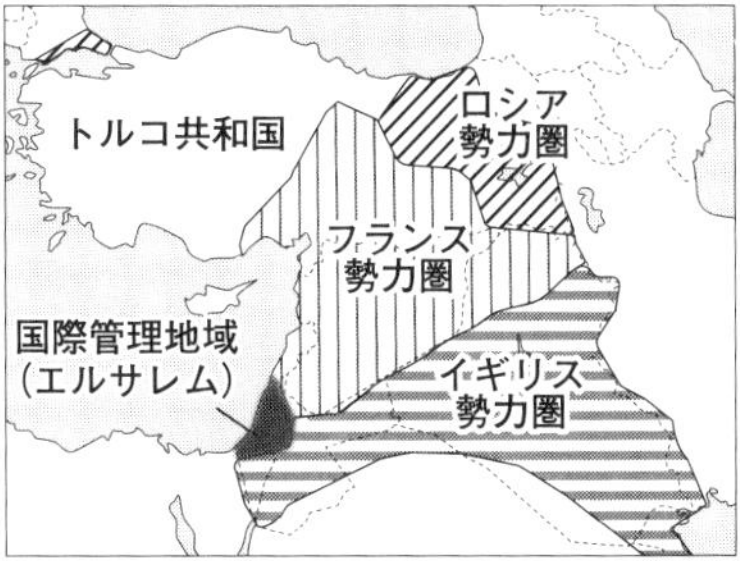

※破線は現在の国境

宗派や人種の分布は考慮されず、統一意識の低い人工的な国家が誕生

れました。はじめは英仏の植民地としてスタートし、やがて独立しますが、実際は英仏の影響の強い傀儡《かいらい》国家となっていました。ですから、この時代の中東は英仏の力が大きかったわけです。

独裁政権を支えたソ連が崩壊

第２次世界大戦後は、中東支配の構図が変わります。そのきっかけは、１９５６年の**スエズ戦争**でした。これはエジプトのナセルが、英仏が管理していたスエズ運河を取り戻すために争った戦争です。アメリカとソ連がエジプトを支援したことで、英仏は追い出されました。

これでナセルは英雄となり、アラブを再び統一しようという「アラブ民族主義」の象徴となりました。サイクス・ピコ協定以前のアラブに戻そうという動きが台頭しました。

ナセルの意志をつぐようにして生まれたのが、**各国の独裁的な指導者**です。シリアのアサド（父）やリビアのカダフィ、チュニジアのベン・アリ、イラクのサダム・フセインなどです。**これらの指導者はいずれも、英仏の支配から脱し、かわりにソ連の支援を受けました**。

中東には、石油利権を狙ったアメリカも進出しています。ですから、冷戦時代の中東は、ソ連とアメリカの争いの場となりました。

そしてソ連が崩壊すると、アメリカは親ソ政権をつぶしにかかりました。その端緒が湾岸戦争とイラク戦争で、イラクのフセインが倒れました。以降、「アラブの春」によって、ベン・アリやカダフィが倒れ、シリアのアサド（息子）が追いつめられていくということになります。アラブの春も、アメリカ・イギリスが裏であおったものといわれます。

独裁政権が倒れて、民主的な政権が生まれるかというと、そうではありません。オスマン帝国崩壊以降、**欧米の手のひらの上で動かされてきた中東諸国は、自分たちで統治する力がなかった**のです。ましてや、サイクス・ピコ協定で人工的につくられた国ですから、「自分はイラク人」などという意識が薄く、自分の国を立て直すという意欲がありません。ですから、**ただ宗派対立や部族紛争が噴出するだけで、混乱が深まりました**。

こうした混乱のなかから生まれたのがＩＳ（イスラム国）でした。ＩＳがめざしていたのは、サイクス・ピコ協定の国境線を無視したシリアからイラクにまたがる地域の支配であり、かつてのイスラム帝国の復活を目論んでいたのです。

中東の空白地帯に生まれたISとはなんだったのか？

No.2

新国家を勝手に樹立

近年の中東の混乱の中心にいたのがISです。

では、そもそもこのISとはどのような組織だったのかを見ておきましょう。

ISは「スンナ派」の過激派武装組織です。

イスラム教には「シーア派」と「スンナ派」があります。基本的にシーア派とスンナ派は争いますが、シーア派同士、スンナ派同士は争いません。

イスラム教では、預言者ムハンマドのあとの4代の後継者（カリフ）が選挙で選ばれました。その4代目がムハンマドの従兄弟アリーです。4代のカリフでは唯一、ムハンマドと血のつながりがあり、しかもムハンマドの娘婿でした。ところが、このアリーはウマイヤ家に暗殺され、ウマイヤ朝が建てられました。

この経緯から、「正式なカリフはアリーであり、アリーの子孫が正統である」と考えるのがシーア派です。一方、「選挙で選ばれた最初の４代こそが正統なカリフ」と考えるのがスンナ派です。

イスラム教徒全体では、９割がスンナ派、１割がシーア派です。スンナ派が多数派です。

ＩＳは、スンナ派です。**スンナ派は、血統は関係ありません**。カリフと名乗り出て、みんなに認められればカリフになれるわけです。そこに目をつけたＩＳの指導者が、アブー・バクル・アル＝バグダディでした。彼は、ＩＳの樹立を宣言したとき、**自らをカリフであると名乗りでた**のです。

シリア内戦は宗派争いだった

ＩＳが生まれた直接的な発端は「シリア内戦」にありますが、シリア内戦を引き起こしたものは、2010年にはじまる**「アラブの春」**でした。

アラブの春は、中東の民主化運動で、チュニジアのベン・アリ政権、エジプトのムバラク政権、リビアのカダフィ政権と、各国の独裁政権がドミノ式に倒れていきました。この民主化運動の流れがシリアに及びました。シリアでは、**アサド独裁に反対する勢力が蜂起し、内戦に突入した**のです。

内戦の実態は、シーア派とスンナ派の争いでした。アサド政権は国内では少数派（約13％）のシーア派で、シリア国民のほとんどはスンナ派です。シリアでは、少数派のシーア派が富を独占し、多数派のスンナ派は貧困に苦しんできました。その不満が、アラブの春をきっかけに噴出。**シーア派の政府軍と、スンナ派の反政府勢力**という構図になったのです。ですから、スンナ派のサウジアラビアやカタールは反政府勢力を支援しました。

一方、隣の国のイラクは、スンナ派が2割、シーア派が6割、クルド人が約2割という構成です。イラク戦争でスンナ派のフセイン政権が倒れてから国情は安定せず、シリアとイラクにまたがる地域に権力の空白地帯が生まれました。これを埋めたのが、スンナ派のＩＳだったのです。

武装組織ＩＳとは何か？

ＩＳ (Islamic State)

- イスラム教スンナ派の過激派武装組織
- シリア国内の内戦を機に誕生

※2017年2月時点

シリア国内におけるイスラム教の宗派争いが背景にある

スンナ派	シーア派
・後継者選びは選挙	・後継者選びは血統重視
・多数派（約９割）	・少数派（約１割）
・貧困層、反政府	・富裕層、政府軍

中東の新グレート・ゲームが展開

シリア内戦は2011年3月に勃発しました。

シーア派のアサド政府軍に抵抗したのが、スンナ派のシリア反政府武装組織とＩＳです。ただ、ＩＳの目的はアサド政権の打倒というよりは、あくまでもイスラム帝国の樹立にありました。ここに欧米諸国や周辺国がからんできました。

冷戦時代は、アメリカとソ連の「グレート・ゲーム」でしたが、中東では次の覇権をめぐる「新グレート・ゲーム」がはじまったのです。

アサド政権を支えたのはロシアです。ア

サド政権は、東西冷戦中にソ連が軍事援助してきたアラブ民族主義の独裁政権の１つです。ほかの中東の独裁政権が「アラブの春」によって倒れていくなかで、ロシアは最後に残ったアサドを助けました。

ロシアのアサド支援には、イランに対する牽制の意味もありました。シーア派の総本山ともいえるイランは、スンナ派のＩＳをつぶし、シーア派の勢力を拡大するため、アサド政権を軍事的・経済的に支援しています。しかし、ロシアにしてみると、イランの影響力が拡大し、シリアがイランの保護国のようになっては困るのです。

ロシアは、対ＩＳ攻撃では欧米と利害が一致しましたが、反政府武装組織に対しては欧米と対立するという複雑な関係になりました。

結局、対ＩＳ攻撃ではアメリカ・イギリス・フランスなどに加え、ロシア・イランが一致して攻撃する体制となりました。欧米諸国もアサド政府軍がＩＳを攻撃することは歓迎しました。

その後、トランプ政権がＩＳ掃討に本腰を入れた結果、２０１７年10月にＩＳは事実上崩壊しました。トランプは、２０１８年末、対ＩＳ戦の勝利を宣言し、米軍の撤退を発表しました。

諸国の思惑が絡み合うシリアのアサド政権

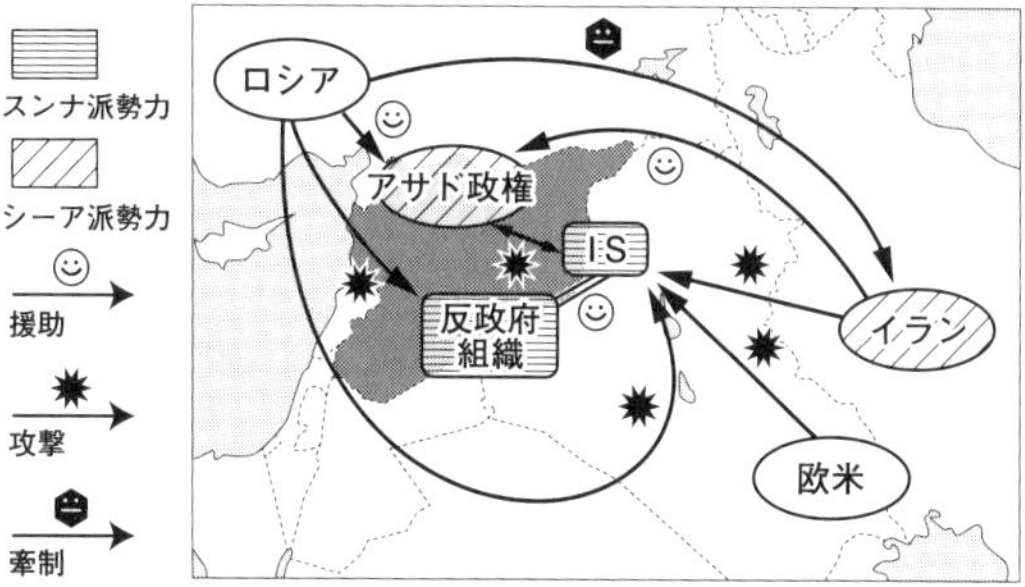

シリアの内政に深く関わるロシア
⬇
シリアにおけるイランの影響力拡大を防ぐ

ＩＳがいなくなったことで、アサド政権は首都ダマスカスを中心にシリア全土を回復しました。

しかし、まだシリアには暗躍する勢力がいます。それが、**シリア北部で独立国家の建設をめざすクルド人勢力**です。クルド人はそれまで米軍の支援をうけていましたが、その後ろ盾を失いましたので、クルド人と対立するトルコも勢いづきました。

したがってシリアでは、アサド政権・クルド人・トルコの三つ巴の構図で、そこに欧米諸国やロシア、イランがからむかたちとなっています。

シーア派の大国イラン 核合意離脱のアメリカと対立

No.3

ルーツはペルシア帝国

ここからは中東の大国の地政学を見ていきましょう。

まずは、イランです。「スンナ派のアラブ人」が多いイスラム圏にあって、イランは特殊な国です。**イランは「シーア派のペルシア人」の国**だからです。歴史的にはイラン高原に生まれた歴代のペルシア帝国がルーツで、古代ローマ帝国などとわたりあう超大国でした。では、なぜイランはシーア派なのでしょうか？　スンナ派のウマイヤ朝帝国ができたとき、ペルシア帝国（ササン朝）は滅び、アラブ人に支配されました。ペルシアはイスラム教を受け入れましたが、ペルシア人のプライドから、言語や文化までアラブ化されることはありませんでした。

16世紀、イラン高原に成立したのがサファヴィー朝です。これはサファヴィー教団がもとになっていて、その教義はシーア派の教義となじむことから、シーア派が採用されました。ここからイランはシーア派の国となったのです。

シーア派のサファヴィー朝は、スンナ派のオスマン帝国（トルコ）と中東の覇権争いをしました。その舞台となったのが、いまのイラクあたりです。**イラクは、古代メソポタミア文明が発祥した豊かな土地であるうえ、周辺の高台から見下ろす位置にあるので敵に狙われやすい運命にあります**。ペルシア人やトルコ人だけでなく、クルド人、ギリシャ人、ローマ人、アラブ人がかわるがわる侵入してきては激しい争いを繰り広げてきました。現代でもイラク戦争が起きるなど、地政学的にグレート・ゲームが起こりやすい場所がイラクなのです。

欧米列強の草刈り場に

近代以降のイランは、欧米列強の草刈り場となります。19世紀には、グレート・

ゲームを演じたロシアとイギリスによって分割され、ロシアが退いたあと、イギリスの傀儡政権が建てられました。戦後は、イギリスとアメリカが支援する国王パフレヴィー2世の独裁政権となりました。英米はイランの石油利権をにぎりました。

ところが、この親英米の独裁政権をたおそうと、シーア派の法学者ホメイニが立ち上がりました。**1979年のイラン革命**です。イラン革命は成功し、**英米勢力は国内から一掃されます**。ここから、イランとアメリカの敵対関係がはじまるとともに、新たなグレート・ゲームがはじまりました。

イランからアメリカがいなくなったことから、**その空白を埋めるようにソ連が南下しました（ソ連のアフガニスタン侵攻）**。このときアフガニスタンで結成されたのがアルカイダで、のちにアメリカを脅かすテロ組織となります。また同じく、イラクのフセインもイランに侵攻してきました。これが**イラン・イラク戦争**です。フセインは、イラン革命がイラク国内のシーア派を刺激して分離運動をひきおこすことを恐れて、先手を打って侵攻したのです。しかし、ソ連とイラクはかえって国力を消耗させ、ソ連は崩壊、フセイン政権は湾岸戦争とイラク戦争で崩壊しました。**その権力の空白地帯に生まれたのがIS**ということになります。

さて、イラン革命からはじまったイランとアメリカの敵対関係は、ブッシュ（子）政権時代に先鋭化します。ブッシュはイランを「悪の枢軸」とよび、核開発を非難し、西側諸国とともに経済制裁を課しました。しかし、イランはかつてのペルシア帝国のような超大国をめざして、そのために強気に核開発をすすめました。

ところが、オバマ政権は打倒ISで利害が一致したことからイランに接近し、2015年7月の核合意と、経済制裁の解除にふみきりました。これによってアメリカは、イランと敵対しているサウジアラビアやトルコ、イスラエルとの関係を悪化させました。

アメリカとイランの対立構図

2017年からのトランプ政権は、核合意から離脱し、段階的にイランへの経済制裁を強めました（P65）。ヨーロッパ各国政府は核合意の維持をめざしましたが、イランに進出していた世界的企業は制裁をおそれて撤退しました。

トランプ政権が発動した経済制裁はもちろん、イランを敵視するサウジアラビアやトルコ、イスラエルから歓迎されました。

それまでの中東の対立構図の中心は、パレスチナ問題を背景とした「イスラエル対アラブ諸国」でしたが、**「アメリカ陣営対イラン陣営」**という構図に変わりました。アメリカの核合意離脱により、イスラエルとサウジアラビアはアメリカ陣営に入り、EU諸国は合意維持を主張し、イラン陣営に残っています。

ところが、バイデン政権となると、アメリカがイランとの核合意の再建をめざしたことや、ジャーナリスト暗殺（P206）についてサウジアラビアを厳しく批判したことから、**アメリカとサウジアラビアの関係は悪化**しました。そして、中東でのアメリカのプレゼンスが低下するとともに、その間隙をつくように中国が入り込み、イランとサウジアラビアの外交関係正常化を仲介しました（2023年3月）。

また、トランプ時代にはイスラエルと中東諸国との関係改善が進みましたが、バイデン政権でこの動きは頓挫します。そんななか、2023年10月、パレスチナ自治区ガザ地区を実効支配するイスラム組織ハマスがイスラエルに奇襲攻撃したことから、イスラエルとハマスの戦闘が勃発します。

ハマスを支援しているのは、イランです。イランはイラン革命以降、基本的に反米・反イスラエルであり、イランと関係をもつ組織に武器支援をしています。それがイエメンのフーシであり、レバノンのヒズボラであり、パレスチナ・ガザ地区のハマスです。イランはアメリカ・イスラエルに正規軍では勝てないので、こうした組織を支援して、非対称戦争（テロやゲリラ戦）をしかけ、牽制しつづけています。

結果的に中東での構図は、旧来のような、**「イスラエル・アメリカ対アラブ諸国（イラン・サウジアラビア）・ロシア・中国」**という構図になっています。

親米から反米勢力のリーダーへ　サウジアラビアの地政学

No.4

石油利権を介してアメリカと同盟

サウジアラビアとは「サウード家のアラビア」という意味です。

第1次世界大戦中、オスマン帝国（トルコ）に対してアラブの反乱が起きるなか、アラビア半島中部のリヤドを拠点とするサウード家が兵をあげました。サウード家はメッカを奪って、新たな王国を打ち立てます。これが現在のサウジアラビアです。

サウード家は、**スンナ派のなかでも厳格なワッハーブ派**にあたります。ワッハーブ派は、コーランとハディース（ムハンマド伝承集）しか認めず、聖人崇拝も巡礼も認めません。原始イスラム教への回帰を唱えるイスラム原理主義です。タリバンやアルカイダなど、いまのイスラム過激派のほとんどは、このワッハーブ派です。

サウジアラビアには、二大聖地のメッカとメディナのほかにはなにもありませんでした。ところが、幸運にもアラビア半島東部で相次いで巨大油田が発見されました。サウード家は、**アメリカの石油資本と手を組んで、利益を山分け**することにしました。ここから、サウジアラビアとアメリカの密接な関係がはじまります。サウジアラビアはアメリカに石油利権を与えるかわりに、国を守ってもらうことになりました。アメリカとサウジアラビアは、同盟関係を結びます。ただ、日米同盟のような明文化された条約に基づくものではありません。

サウード家は、石油で得た潤沢な資金を国民に還元して、教育も医療も無料にしています。サウジアラビアには国会も選挙もありません。サウード家が石油で稼いだお金で国家を運営し、国民の生活の面倒を見ているのです。

2022年に首相となったムハンマド皇太子は、先を見据え、**石油依存経済からの脱却**をめざしています。2016年に発表した「ビジョン2030」では、2030年までに観光業や製造業など石油以外の産業や投資を成長させることで、経済の繁栄と国民の豊かな生活を実現することを大きな目標として掲げています。

パートナーはアメリカから中国へ移行

アメリカとの関係を中心に、近年のサウジアラビアの動きを見てみましょう。

オバマ政権時代のアメリカは、２０１５年7月、イランと核合意を結びました（Ｐ２０１）。その合意内容ではイランに核保有の可能性が残るものであり、イランを警戒するサウジアラビアには不信感を抱かせるものでした。

しかしトランプ政権は、イランとの核合意から離脱し、サウジアラビアとの同盟関係の修復に転じます。２０１８年10月、サウジアラビアに批判的なジャーナリストのジャマル・カショギ氏が、トルコ・イスタンブールのサウジアラビア領事館で殺害される事件があり、サウジアラビアのムハンマド皇太子の関与が疑われました。ところがトランプは、サウジアラビアとの関係を断てばロシアや中国を利することから、あっさりとサウジアラビアとの関係維持の立場を表明しました。

では**バイデン政権**はどうかというと、ジャーナリスト暗殺についてムハンマド皇太子が関与したとして激しく非難し、また、**イランとの核合意の再建をめざすなど、サウジアラビアに厳しい対応をとります**。２０２２年7月、バイデンはエネルギー価格の高騰と国内のインフレを抑え込むため、サウジアラビアに原油増産を求めましたが、ＯＰＥＣプラス（石油輸出国機構＋ロシア）は減産に転じ、バイデンに反発しました。

アメリカの中東でのプレゼンスは大きく低下しています。かわりに台頭しているのが、**中国**です。中国はサウジアラビアとの経済的な結びつきを強めています。サウジアラビアにとって中国は最大の貿易相手国であり、中国にとってもサウジアラビアは石油の主要な調達先となっています。

そんな両国の良好な関係を物語るのが、２０２３年3月、**サウジアラビアとイランが7年ぶりに外交関係正常化を合意**したことです。両国を仲介したのは中国でした。

同じ時期、イランはアラブ首長国連邦（ＵＡＥ）との関係も改善しています。

反欧米・脱ドル勢力に加わる

現在のサウジアラビアは、中露陣営に接近し、「反欧米勢力の結集」と「脱ドル」の動きに加わっています。「反欧米勢力の結集」としては、２０２３年3月末、**サウジアラビアは上海協力機構（ＳＣＯ）への参加を決定**しました。ＳＣＯは、中国、ロ

巨大な石油資本を持つサウジアラビアの外交

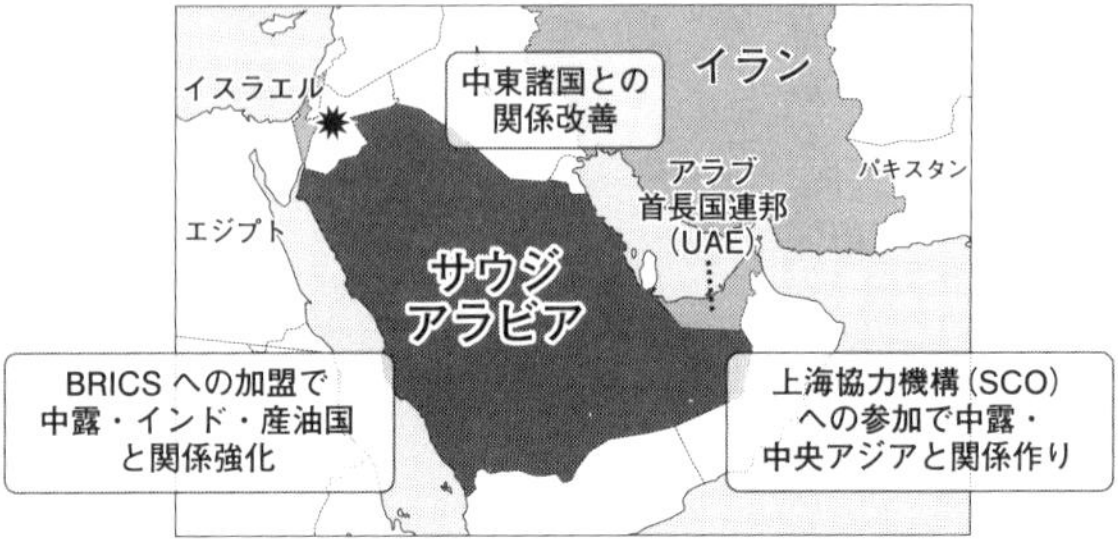

中露・アラブ産油国と組んで「脱ドル」へ?

シア、中央アジア諸国が2001年に結成した政治・安全保障の地域協力組織です。インドとパキスタンも加盟していて、2023年7月にはイランも正式に加盟しました。欧米に対抗する組織として存在感を高めています。

そして同じく2023年8月には、**BRICS(ブラジル、ロシア、インド、中国、南アフリカの新興5か国)への加盟**を決めました。BRICSの新規加盟国はそのほか、イラン、UAE、エジプト、エチオピア、アルゼンチンです。

これにより、中国やインドなど化石燃料の依存度の高い既存のBRICS加盟国と、サウジアラビア、イラン、UAEという中東の産油国の関係が強化され、互いに大きなメリットが生まれます。**「脱ドル」**は世界的な潮流の1つとなっています。

アメリカの覇権は軍事力とドルに支えられています。国際貿易の取引で使われる通貨のほとんどはドルのため、各国は外貨準備としてドルを多く保有しています。ドルを発行するアメリカにとってみると、これは大きなメリットです。石油などの資源を購入したければ、必要な分だけドルを刷ればいいからです。

オイルショックがおきた1974年、アメリカはアラブの産油国に石油取引をドルだけで決済することを求めました。これがペトロダラー体制です。**ペトロダラー体制の中枢にいるのは、サウジアラビア**です。

脱ドルの動きは、2014年のクリミア併合以降、西側の制裁をうけたロシアからはじまりました。ロシアは保有していたドルを減らし、中国もこれに追随しました。そして、サウジアラビアもドルの保有を大幅に減らしました。

中国とブラジルは2023年3月、両国の貿易からドルを排除することで合意しました。同じ時期、中国はサウジアラビアに人民元で融資協力をすることを決めたほか、サウジアラビアとUAEがLNGの取引を人民元で決済するとしました。

今後、サウジアラビアが中露が主導する脱ドルの試みに結合し、石油取引の脱ドルに踏み切ると、ドルの支配力は低下し、アメリカの覇権が脅かされることになります。

トルコはイスラム主義復興で中東覇権を狙う

No.5

世俗主義で近代化したイスラム国

次にトルコの地政学を見てみましょう。

トルコはもともとヨーロッパとの縁が深く、東ローマ帝国の繁栄のもとでキリスト教の文化が根づきました。それが**15世紀以降のオスマン帝国の支配で完全にイスラム化しました**。現在は国民の99％がイスラム教徒です。

第1次世界大戦後、オスマン帝国の弱体化でイギリス・フランスに分割される危機にみまわれました（セーブル条約）。これに対し、ムスタファ＝ケマル＝アタテュルクが革命を起こし、オスマン帝国を崩壊させ、トルコ共和国を樹立します。アタテュルクは、英・仏との交渉で、「アラブ人地域は放棄するが、アナトリア（トルコ本土）は手放さない。それが認められないならロシア側につく」と脅しました。ロシアの地中海進出をゆるしたくない英・仏は、仕方なくアナトリアから撤退しました（ローザンヌ条約）。アタテュルクは、自国の地政学的な意味をよく理解していたといえます。

初代大統領となったアタテュルクは、**トルコ共和国の基本原則に「世俗主義（政教分離）」をすえました**。具体的には、イスラム教を国教からはずしたり、アラビア文字にかわってアルファベットを取り入れたり、一夫多妻制を禁止したり、女性の参政権を実現しました。世俗主義で欧米のような国をめざしたのです。

イスラム主義を復興させるエルドアン

トルコはヨーロッパとの関係を重視し、イスラム世界の国では唯一のNATO加盟国となりました。アメリカの軍事援助を受け、**南下政策をとるロシア（ソ連）の脅威から地中海を守る防波堤の役割を果たしてきた**のです。ちなみに、隣国のギリシャもトルコと同じような役割を果たしています。

早くからEECやECへの加盟申請をしてきた流れで、1999年にEUの正式加盟候補国となり、2005年からEUへの加盟交渉がスタートしました。が、交渉はほとんど進んでいません。

EU加盟交渉に反して、**トルコ国内ではイスラム主義が復興しつつあります**。その中心にいるのがエルドアン大統領です。彼は2003年から首相をつとめ、2014年に大統領になりました。

トルコでは欧米を手本に産業が発展しましたが、それによって貧富の差が生まれました。そこでエルドアンは「富を再分配して助け合うイスラムの精神に戻ろう」と主張し、人気を獲得しました。

ただ、エルドアンのイスラム主義には富裕層を中心に批判がありました。そんななか2016年7月に起きたのが、軍部によるクーデター未遂事件です。トルコは建国以来、**軍部が「世俗主義の番人」として機能し、ときの政権がイスラム主義に傾きそうになると軍の圧力で修正する**ということがたびたび起きてきました。今回もその機能が働いたのですが、エルドアン大統領に対する国民の支持が強く、クーデターは失敗しました。クーデター後のエルドアンは抵抗勢力の一掃をはかり、より中東への関与を深めようとしています。

米軍撤退で関係改善

トルコの中東との関わりで必ず問題になるのが、**クルド人問題**です。クルド人は、「国をもたない世界最大の民族」といわれ、シリア、トルコ、イラク、イランなどにまたがる地域に住んでいます。トルコの人口のうち2割がクルド人です。

イラク戦争やシリア内戦はクルド人にとって大きなチャンスで、ISをたおしてこの地域で独立しようと考えました。そのため、対IS作戦で利害が一致した米軍の支援を受けてきました。

これを嫌ったのがトルコです。もしクルド人が独立すると、トルコの東側に住むクルド人も自治区を求めて活気づくからです。

もう1つ、トルコが警戒したのがイランです。トルコとイランは昔から中東の覇権争いをしてきたライバル同士ですが、対IS作戦に乗じてイランまでもが勢力を拡大してきたら厄介です。

トルコとＩＳとクルド人

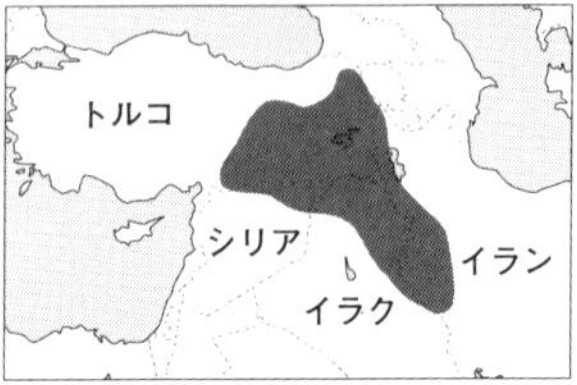

現在のクルド人の大まかな分布

トルコが恐れる流れ

シリア内戦後にその地でクルド人が独立

↓

トルコ東部にいる多数のクルド人も乗じて独立

トルコの思惑

「クルド人武装勢力の掃討」

↓

IS 壊滅後はアメリカと再び歩み寄りへ

エルドアン大統領

こうした事情から、**対ＩＳ作戦でクルド人を支援するアメリカとの関係は冷え込んでいました。**追い打ちをかけたのが、前述のクーデター未遂事件です。この事件はアメリカの陰謀という見方があったからです。実際、クーデター部隊を支援するための給油機がインジルリク空軍基地から離陸していたという情報があります。そこは、ＩＳ攻撃の前線基地として米軍が使用しています。

　トランプ政権は、経済制裁をかけながらもエルドアンとの関係修復をはかりました。シリアから軍を撤退させ、トルコにクルド人武装組織を攻撃しやすい環境を提供しました。しかし、**バイデン政権**

発足後は両国関係は冷え込みます。トルコがロシアから対空ミサイルシステムを調達したことから、アメリカは最新鋭ステルス戦闘機F35の開発計画からトルコを排除したうえで、制裁を加えました。

トルコはロシアと接近していて、とくに**食料やエネルギー分野での協力**が進んでいます。ロシアからトルコに向けたガスパイプラインは、「サウス・ストリーム」に加え、2020年には「トルコ・ストリーム」が稼働しました。ちなみに、これがロシア制裁の抜け穴になる可能性があります。トルコにロシア産以外のガスを集め、産地不明のガスとして南欧などに送るというものです。

トルコは東西の文化圏が交差する要衝に立ちます。地政学的には恵まれた土地とはいえません。現在はウクライナとパレスチナという、南北の紛争地にはさまれています。しかしそのなかでも、停戦交渉の仲介を試みるなど、**一方に偏らないバランス外交によって存在感を示しています**。それができるのも、ロシアとの太いパイプやNATO加盟による欧米との同盟関係、イスラム主義による中東との関係など複数のチャンネルをもつからでしょう。

アメリカと協調しイランと対抗するイスラエルの地政学

No.6

戦後に生まれた新国家

さいごにイスラエルの地政学を見てみましょう。

イスラエルは第２次世界大戦後にできた新しい国で、**中東最大の親米国家**です。

第１次世界大戦中、イギリスとフランスとロシアは戦後のオスマン帝国領の分割を決めたサイクス・ピコ協定を結びました。一方で、アラブ人に対しては戦後の独立を約束しました（フサイン＝マクマホン協定、Ｐ188）。矛盾する２つの約束をしたわけですが、じつはもう１つの約束がありました。それがバルフォア宣言です。これは**イギリスがパレスチナにユダヤ人国家を建設することを約束した**ものです。ユダヤ系金融資本家のロスチャイルド家から戦費を調達するかわりに交わした約束でした。

この結果、パレスチナはイギリスの委任統治領となり、ユダヤ人の移住がはじまりました。当然、**もともとパレスチナに住んでいたアラブ人との激しい衝突が起きました**。第2次世界大戦後、国連はパレスチナをユダヤ人国家のイスラエルとアラブ人国家に分割することを決めましたが、双方納得せず、イスラエル・アラブ諸国間で中東戦争が4回にわたって引き起こされることになります。

イスラエルはアメリカの軍事援助を受けて対抗します。アメリカのユダヤ人は人口の3％ほどですが、金融とマスメディアを通して強い政治力を行使し、イスラエル支援を実行させました。アメリカとしても、ソ連が軍事支援するアラブ諸国と対峙するための拠点として、イスラエルは地政学的に重要という面もありました。

ところが、**冷戦の終結によってイスラエルの重要性は低下しました**。それが1993年のパレスチナ暫定自治協定につながりました。協定では、イスラエルが占領地ガザとヨルダン川西岸から撤退してパレスチナ人の自治政府を認めるかわりに、パレスチナ解放機構（ＰＬＯ）がイスラエルを承認する、という内容でした。これは「二国家解決案」とよばれます。これに対して、イスラエルで政権をにぎった右派連合のリクード党は反発し、占領地からアラブ人を追い出そうとして、再び抗争が激化しました。リクード党が掲げるのが、古代ユダヤ（イスラエル王国）の最大領土の獲得をめざす「大イスラエル主義」です。リクード党の現在の党首が、ネタニヤフです。

ヒズボラとイランの脅威に怯える

いまのイスラエルにとっての脅威は大きく2つあります。1つはガザ地区を拠点とする**スンナ派武装組織ハマス**、もう1つは隣のレバノンを拠点とする**シーア派過激派組織ヒズボラ**です。いずれもイランが支援しており、イランが核兵器をもてばこれらの組織に渡る可能性があるため、イスラエルはイランの核武装を警戒しています。ところが、オバマ政権は打倒ＩＳを優先し、イランの核武装には目をつむりました。これでイスラエルはアメリカに対する不信感を強めました。

一方のトランプ政権は、**イランの核合意からの離脱を表明し、イランとの対決姿勢を鮮明にした**ほか、２０１８年5月には在イスラエル米国大使館をエルサレムに移転させました。イスラエルとの信頼感を取り戻したうえで、アラブ諸国との関係改善を

根強く残るパレスチナ問題

ユダヤ系のイスラエル（親欧米派）　✸　アラブ系のパレスチナ（反欧米派）

イスラエルの敵対勢力

ハマス		ヒズボラ
ガザ地区	拠点	レバノン
スンナ派	宗派	シーア派
イランが支援	特徴	イランが支援

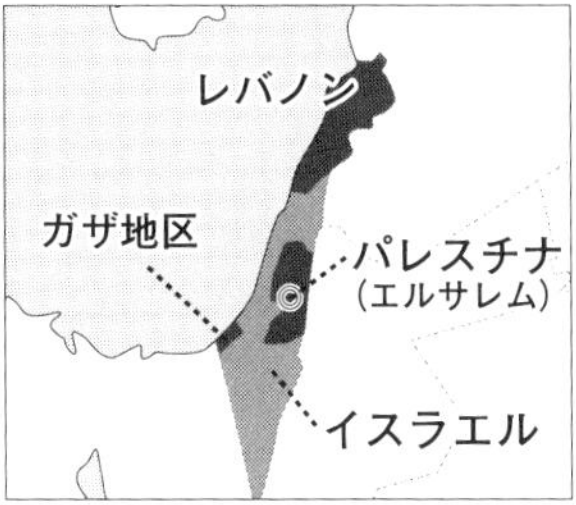

進めました。イスラエルはＵＡＥ、バーレーンと相次いで国交を正常化しました。パレスチナとの和平にむかう流れにあったといえます。

ところが２０２３年10月、ハマスがイスラエルに奇襲攻撃をしかけたことから、イスラエルはハマスが実効支配するガザへの激しい報復攻撃を開始しました。この**開戦前、サウジアラビアはイスラエルと接近しており、中東の安定化が進む動きもありましたが、これが再び冷え込むことになります**。ハマスの攻撃の狙いは、イスラエル・サウジアラビアの接近を防ぐことにあったとみることもできます。

イスラエルの世界有数の諜報機関モサドは、ハマスの奇襲を察知できませんでした。この点は疑問がもたれています。イスラエルはハマスの奇襲を察知しながら、これを口実にガザ攻撃を正当化しようとした可能性もあります。ネタニヤフ率いるリクードがめざす「大イスラエル主義」を推し進めるためです。

イスラエルのガザ攻撃にもう1つの狙いがあったとすると、**ガス田開発の阻止**が考えられます。ガザ沖ではガス田が発見されていますが、パレスチナ自治政府とエジプトはこの開発で合意し、２０２３年6月にイスラエルも承認していました。しかし、イスラエルはその収益の一部がハマスに入ることを懸念していました。

じつはいま、レバノンからイスラエル、ガザにかけた**東地中海沖は、天然ガスの一大供給地**として注目されています。

イスラエルはすでに地中海沖のガス田を開発し、海底ガスパイプラインによりエジプトへの供給をはじめています。エジプトには液化天然ガス（ＬＮＧ）施設があり、ここでガスを液化し、タンカーで欧州に供給します。２０２２年のエジプトのＬＮＧ輸出量の7割が欧州向けで、今後のさらなる拡大が予定されていました。しかし、ガザ情勢の悪化により、イスラエルのガス供給が停止に追い込まれています。

イスラエル産のガスは、ウクライナ戦争後の欧州にとって、**脱ロシア産ガスになりうる有力候補**とされていました。しかし、その目論見が崩れかけています。

第7章

大国の情勢を映す

アジアの地政学

大国のバッファゾーンとして機能する朝鮮半島

No.1

朝鮮半島は戦場となる宿命!?

朝鮮半島の地政学的な意味を考えてみましょう。

中国大陸から海洋につきでた朝鮮半島は、**各国のパワーがせめぎあうバッファゾーン**になります。中国にとっては日本やアメリカなど海洋からの侵略を防ぐための、日本にとっては中国の歴代帝国や南下するロシア（ソ連）からの侵略を防ぐためのバッファゾーンとなりました。

たえず大国が侵入してきて戦場と化す宿命にある朝鮮半島の歴史は悲惨で、その行き着く先が南北分断という形にあらわれています。

日清・日露戦争はバッファゾーンの戦い

朝鮮は中国と国境を接しています。なので、朝鮮はつねに歴代の中華帝国の脅威にさらされてきました。ただ、小国ならではの巧みな外交で一度も中国に呑み込まれたことはありません。

中国の侵攻に対してときには激しく抵抗しますが、それが無駄とわかると、忠誠心を示して属国としての立場を受け入れます。その意味では、**よくも悪くも、朝鮮にとってもっとも関係の深い国はランド・パワーの中国**になります。

19世紀後半に中国（清）が欧米列強の侵略を受けて弱体化すると、反対にシー・パワーの日本が朝鮮半島をうかがうようになりました。日本は朝鮮を脅します（江華島事件、1875）。朝鮮の宮廷内には親清派と親日派が生まれ、その対立が日清戦争（1894）に発展し、日本が勝利します。

清の力が衰えると、こんどはロシアが南下してきました。もしロシアが朝鮮を支配すると、次に日本が狙われます。日本としてはなんとしてもロシアの侵入をくいとめなければなりません。そこで日本は、イギリスと同盟してロシアと戦いました。これが日露戦争です。結局、**日本にとっての日清・日露戦争は、ランド・パワーの反日勢力を朝鮮半島というバッファゾーンで退けるための戦い**でした。このいずれかに負けていれば、日本の独立は危ういものとなっていたでしょう。

その後の日本に地政学上の戦略的なミスがあったとすれば、日韓併合をへて、満州国を建て、さらには中国の内戦にまで深く関与したことです。シー・パワーの限界を超えた地上戦にのりだしたことで、戦争の泥沼にはまってしまいました。

マッカーサーは満州を狙っていた⁉

戦後の朝鮮戦争（1950）は、はじめは「アメリカ支援の韓国vsソ連支援の北朝鮮」でしたが、途中から中国が参戦しました。中国からすると、国防上重要となるバッファゾーンで起きている戦争を黙って見てるわけにはいかなかったのです。韓国が勝てばアメリカが、北朝鮮が勝てばソ連が脅威となります。中国からすると、国境の向こうに大国が居座ることはゆるされません。**「共産主義と資本主義の対立」というイデオロギーではなく、地政学的な判断から中国は参戦した**のです。

バッファゾーンであり続けた朝鮮半島

朝鮮半島は常に大国がせめぎあうバッファゾーン

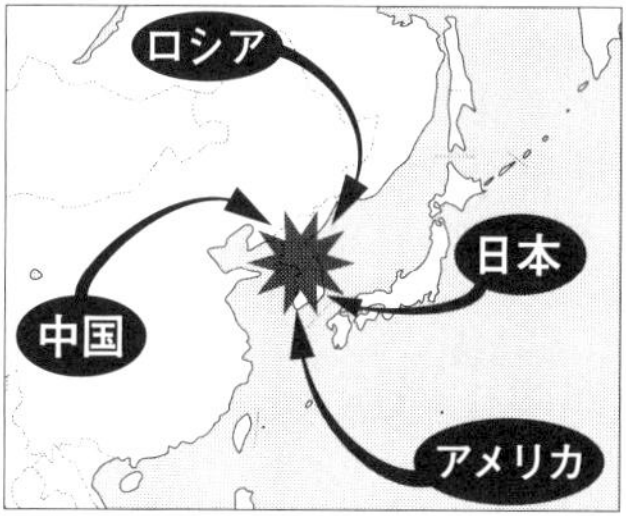

朝鮮戦争　…アメリカとソ連による代理戦争

↓

バッファゾーンの隣国を守るため中国も参戦

実質的に「米中戦争」となって、押しつ押されつの攻防となった朝鮮戦争は、北緯38度線を国境に定めて休戦となりました。

ちなみに、このとき国連軍（米軍）を指揮したマッカーサーには、朝鮮半島からその先の満州を狙う構想があったといいます。しかしこの戦略はトルーマン大統領に却下され、マッカーサーは解任されました。もしも米軍が満州まで狙っていれば、それは戦前の日本がとった戦略と同じであり、シー・パワーのアメリカにとって難しい戦争になっていたと予想されます。

南北の支援国が大転換

朝鮮戦争の結果起きたことは、**韓国のシー・パワー化**です。韓国は北朝鮮をはさんで中国大陸と分断され、実質的に「島国」となりました。島国のシー・パワーとなった韓国は、同じシー・パワーの日米の陣営に入ります。韓国は防衛上、日米との協力が不可欠となりました。

しかし、日米にかつての勢いがなくなり、反対に中国が経済的・軍事的に大国化するなかで、韓国のアプローチは変わりました。韓国は、日米と距離をとり、中国との距離を縮めるようになりました。**かつてのような「中国の属国」に戻る状態で、ランド・パワー回帰が起きました**。また、2017年5月に成立した文在寅《ムンジェイン》政権では、北朝鮮との関係を深めています。戦後の韓国の動きは、P231で見てみましょう。

一方、朝鮮戦争後の北朝鮮は、初代最高指導者である金日成《キムイルソン》が「主体思想《チュチェ》」を掲げ、中国・ソ連にも支配されずに自立的にやっていく道を探りました。1990年代から本格化した核・ミサイル開発などもその一つの手段です。

しかし、核開発問題で国際的な経済制裁の対象となったことで、中国に支援を求め、結果的に中国への依存度を高めていきました。

これは中国からすると歓迎すべき状態です。中国は北朝鮮への影響力を高め、自国のコントロール下においておきたいのです。なぜなら、韓国には約3万人の米軍が駐留しています。**この米軍と直接対峙しないためにも、北朝鮮を自国に有利なバッファゾーンとして機能させたい**のです。

中朝関係は表向きは「友好」ですが、国境を接しているので、本音ではお互いに警戒しています。そんななか、北朝鮮に金正恩政権が誕生し、さらにアメリカでトランプ政権が誕生したことで、中朝関係や米朝関係が激変する事態が起きました。次項で見てみましょう。

朝鮮半島の非核化は遠のき、韓国は日米シー・パワーに復帰

No.2

中朝悪化・米朝接近

北朝鮮に金正恩政権が誕生し、さらにアメリカでトランプ政権が誕生してから、中朝関係は悪化、反対に米朝関係は接近しました。

中朝関係では、２０１３年に北朝鮮の親中派で事実上のナンバー２である張成沢《チャンソンテク》が処刑され、２０１７年に金正恩《キムジョンウン》の兄・金正男《キムジョンナム》が暗殺されました。暗殺は北朝鮮の工作員によるものと見られています。こうして中国と関係の深い２人の人物が消されたことで、**中朝関係が大きくゆらいでいる**ことがわかりました。

金正恩政権は、核・ミサイル開発を加速させます。核実験をなんども強行し、ミサ

イル発射を繰り返しました。この時点で米朝関係は危機的な状況となりました。トランプは、朝鮮半島周辺に強大な軍事力を見せつける行動に出ました。2017年9月以降、B1戦略爆撃機を軍事境界線の東方海岸沖を越えて飛行させ、ロナルド・レーガン、ニミッツ、セオドア・ルーズベルトの**空母3隻を日本海に展開させました**。

このときトランプは、ただ北朝鮮を脅すだけでなく、正しい選択肢を示したうえで、核放棄を迫ったと考えられます。つまり、「核を放棄すれば、安全の保障を与える」というものです。

金正恩は、「このまま核武装を推進し、世界からの孤立化の道を進む」のか、それとも「核武装をやめて、アメリカから安全の保障をえて、体制の生き残りをはかる」のかの選択を迫られました。金正恩が選んだのは後者です。2018年6月12日の米朝首脳会談では、北朝鮮の核・ミサイルの廃絶が行われた時点で、アメリカは経済制裁を解除する合意がなされました。

ところが、北朝鮮は非核化を進めません。

2019年2月の2度目の米朝首脳会談では、北朝鮮側は、寧辺《ニョンビョン》の一部の核施設の閉鎖と引き換えに、経済制裁の主要部分の解除を求めたようですが、アメリカは拒否

非核化に向けて接近する米朝関係

中朝関係のゆらぎから、2018年に米朝会談が実現

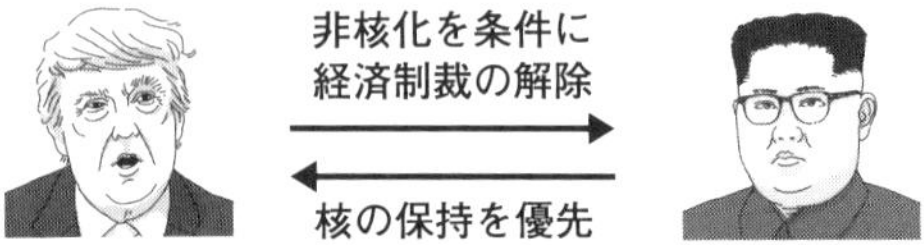

北朝鮮の非核化は進んでいない

しました。アメリカは、北朝鮮が公表していない大規模な核施設（分江《プンガン》地区の地下のウラン濃縮施設とされる）の廃棄を求めました。これには北朝鮮もあわてたようで、交渉はまとまりませんでした。

この会談を見るかぎり、**北朝鮮は経済制裁の解除よりも、核施設をなんとか死守したいという思惑が見えてきます**。非核化を前提に考えていないのです。トランプは完全な非核化を求めて安易な妥協をしなかった点は評価されますが、依然として北朝鮮の核戦力が温存されてしまったのです。

2度目の米朝首脳会談以降、米朝関係に進展がないなか、北朝鮮はふたたびミサイル発射実験を繰り返すようになります。現在は、多様なミサイル開発が進んでいることを誇示しながら、アメリカ・バイデン政権を牽制しています。

朝鮮半島当時の構図に回帰

今後の朝鮮半島情勢を見ていくには、韓国の地政学的な基本姿勢を理解する必要があります。

韓国は周囲を大国に囲まれた小国ですので、その時々で強い国につくことで生き残りをはかってきました。かつては中華帝国につき、近代になるとロシアや日本と友好を結び、戦後の冷戦中はアメリカや日本の支援を得てきました。

韓国では独立以来、反日教育がされていますが、冷戦中は日本の支援なしではやっていけなかったので、政治レベルでは日韓友好が基本となっていました。日本からすると、韓国は中国やロシア、北朝鮮といった**東側社会と対峙するときのバッファゾーンになりますから、韓国が支援を求めてくれば応じてきた**という歴史があります。

情勢が変わったのは、冷戦の終結以降です。日米にかつての勢いがなくなり、反対に中国が経済的・軍事的に大国化しました。韓国の最大の輸出先は中国です。対中関係が重要になるにしたがい、韓国では親中派が勢いを増しました。

親中となった韓国は、反日・反米に傾きます。ですから、近年の韓国は、「親中・

対中感情が悪化している韓国

シー・パワー陣営に回帰する尹錫悦《ユンソンニョル》政権の韓国

反米・反日」が基本です。2017年に成立した文在寅政権ではとくに、「反日・反米」が加速しました。

文在寅政権のもう1つの特徴は、「親北」でした。しかも、たんなる親北ではなく、「北朝鮮主導の南北統一」を志向していたといわれています。仮に南北朝鮮の統一が北朝鮮主導で進むと、統一朝鮮は親中・親ロシアの国家になります。アメリカとしては、朝鮮半島が非核化し、対中国・対ロシアのバッファゾーンとして機能していれば問題ありません。軍事的負担も軽減できます。

さて、2022年に誕生した尹錫悦《ユンソンニョル》政権は、**日米のシー・パワー陣営に回帰**しました。韓国国内では中国人の土地の爆買いや、THAAD（高高度迎撃ミサイルシステム）配備に対する反発などから対中感情が悪化しています。韓国は長らくつづいた「対中依存」から「脱中国」に舵を切ろうとしています。

ウクライナ戦争後、中朝露が連動し、ランド・パワー陣営を形成します。これに日米韓のシー・パワーが対峙するという、朝鮮戦争当時の構図に戻りつつあります。

北朝鮮は北東部でロシアと国境を接しています。以前は、国連の対北朝鮮制裁決議にしばられてロシアは北朝鮮との交易を制限していましたが、もはや国連やアメリカに遠慮する必要がなくなりました。**ロシアと北朝鮮は、堂々と国境貿易を活発化させる**とみられています。

弾薬などの軍事物資が北朝鮮の羅津《ラジン》港からロシアへ輸送されたことも明らかになっています。ロシアは見返りとして、人工衛星技術を提供する可能性があります。北朝鮮は2023年11月、軍事偵察衛星を打ち上げましたが、ロシアの技術支援があったとみられています。ちなみに、この打ち上げは弾道ミサイルの転用であり、衛星の打ち上げと称して弾道ミサイルの発射実験を行っているとの見方があります。

地政学的に現在の世界を俯瞰すると、北のハート・ランドの西側のバッファゾーンでウクライナ戦争が起き、南北のハート・ランド（P39）の中間地帯のイスラエル・ガザ間で紛争が起きました。**次に紛争が起きるとすると、北のハート・ランドの東側のバッファゾーンにおける朝鮮半島有事である**可能性は否定できません。

米中とのバランス外交 ASEANの地政学

No.3

中国大陸のリム・ランド

東南アジアは、11の国で構成されています。この地域はこれまで一度も統一されたことがないため、それぞれの国や地域の文化が守られてきました。11の国の民族や言語、文化、宗教、政治体制はそれぞれ異なります。

地政学的に見ると、**東南アジアは中国大陸のリム・ランドとマージナル・シー**にあたり、大国が大陸に進出するための足がかりとなる重要な地域です。大陸部のインドシナ半島はインドと中国に挟まれていて、島嶼部のマレー半島と無数の島々は太平洋とインド洋を隔てています。そして、2つの大洋を結ぶ**マラッカ海峡**は、古くから国際的な海運拠点となっていて、いまも重要なチョーク・ポイントとされています。

東南アジアのほとんどの国は、第2次世界大戦前には欧米列強の支配下におかれ、戦後に独立を果たすという歴史をたどりました。ただ、イギリス支配のミャンマー（ビルマ）とフランス支配のベトナムの中間にあったタイは、英仏両国のバッファゾーンとなったため、唯一独立を保ち、戦後もいち早く経済発展をとげました。

大陸部の地政学

各国の地政学を見てみましょう。まずは大陸部の国からです。

ベトナムは、中国と国境を接しているため、**中国が仮想敵国**となります。19世紀後半、弱体化した中国にかわってフランスが進出し、日本も侵入しました。戦後はアメリカが進出し、ベトナム戦争となります。ベトナム戦争では、中国は例外的にベトナムを支持しました。シー・パワーのアメリカが国境まで迫ることを恐れたからです。

現在は、ベトナムは中国と南シナ海の領土・領海をめぐって対立しています。

カンボジアとラオスは、反ベトナム・親中です。カンボジアはベトナムが侵攻してきたとき（1979）、中国の支援をうけました。ラオスは中国と国境を接していますが、山岳地帯で分断されているので、緊張はありません。

フランス領となったベトナムに対し、ミャンマーはイギリス領となりました。戦後はビルマ連邦として独立。1962年の軍事クーデターによって軍事独裁政権が成立し、非同盟中立路線をとります。冷戦末期、アウンサン・スーチーが指導する民主化運動が起き、2016年に民政に移管します。2021年の軍事クーデターにより軍政に戻りましたが、2023年、全土で抵抗運動が高まりました。

ミャンマーは、中国にとっては対インド戦略（P243）**の要衝**で、中国内陸部とインド洋をつなぐルートを確保しようとしています。物流ルート「中国・ミャンマー経済回廊」を建設し、原油・天然ガスパイプラインを整備しています。

東南アジアで唯一、植民地化を逃れた**タイ**は戦後、政治権力の腐敗が進むと軍部がクーデターを起こし、民政と軍政を繰り返しています。2014年以降、軍政がつづいていましたが、2023年、反軍政を掲げた貢献党のセター氏が首相となりました。

島嶼部の地政学

東南アジアの地理と大国との関係

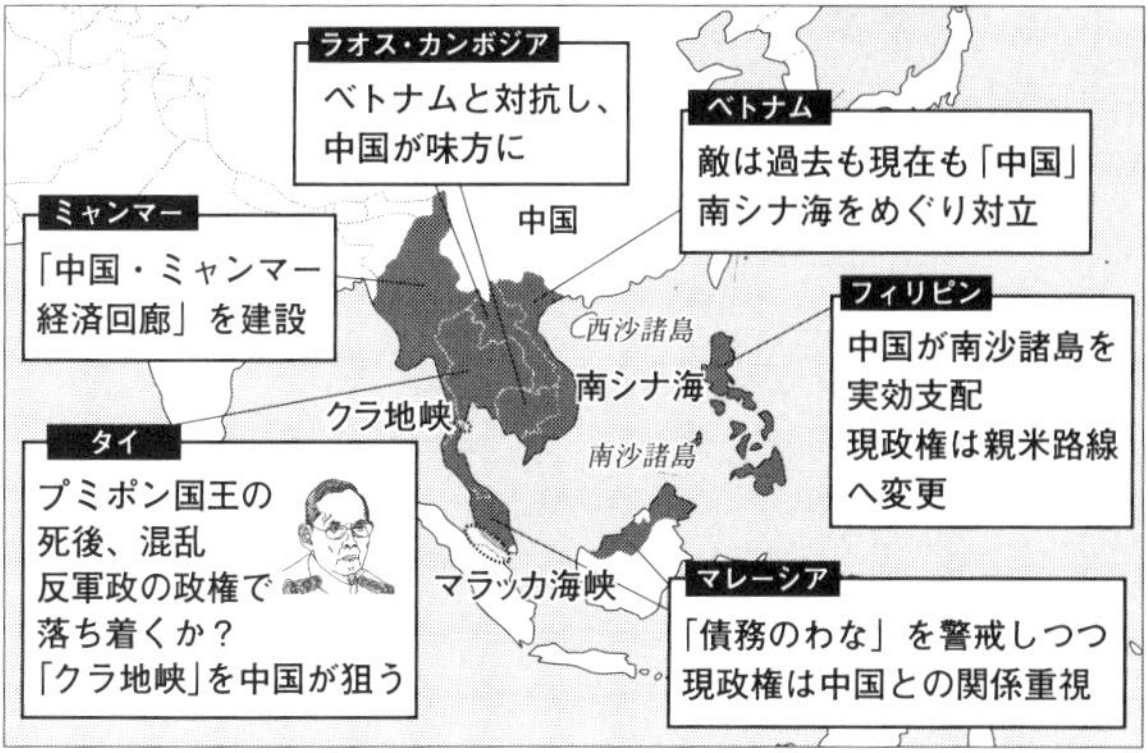
ラオス・カンボジア
ベトナムと対抗し、
中国が味方に
ベトナム
敵は過去も現在も「中国」
南シナ海をめぐり対立
ミャンマー
「中国・ミャンマー
経済回廊」を建設
中国
フィリピン
中国が南沙諸島を
実効支配
現政権は親米路線
へ変更
西沙諸島
南シナ海
クラ地峡
南沙諸島
タイ
プミポン国王の
死後、混乱
反軍政の政権で
落ち着くか？
「クラ地峡」を中国が狙う
マラッカ海峡
マレーシア
「債務のわな」を警戒しつつ
現政権は中国との関係重視

次に島嶼部の国を見てみましょう。

マレーシアは、1824年からイギリスの植民地となりますが、1957年に独立。マレーシアは、イスラム教を国教とする立憲君主制国家です。マレー半島を横断する東海岸鉄道など200億ドルのインフラ建設を中国と共同で進めていましたが、2019年、マハティール首相（当時）は、「債務のわな」を警戒し、中国と再交渉し、大幅なコスト削減をさせました。2022年に首相となったアンワル氏は、**中国との関係を重視**しています。

インドネシアは、17世紀からオランダの植民地となり、第2次世界大戦中は日本軍が支配します。戦後は、オランダの再支配を退けて独立を果たしました。初代大統領のスカルノは共産党の勢力を基盤にして、反欧米・アジア連帯の立場をとりましたが、1965年の政変でスハルトが軍事独裁政権を樹立。親米路線をとりました。1998年にスハルト大統領が退陣してからは、民主化されています。

インドネシアは世界最多のイスラム教徒を抱えていて、過激派によるテロ事件などが絶えませんでしたが、ジョコ・ウィドド大統領が就任してからは安定しています。ウィドド大統領は、**米中双方との関係を維持し、バランス外交を展開**しています。

フィリピンは、スペインの植民地でしたが、アメリカが奪い、第2次世界大戦中は日本軍が支配しました。独立後は米軍の駐留がつづきます。1986年、ピープルパワー革命により大統領となったアキノは、反米運動の盛り上がりから米軍を撤退させます。しかし、これにより中国の海洋進出を招き、南沙諸島（スプラトリー諸島）の実効支配をゆるすことになりました。2022年に大統領となったマルコス・ジュニア（かつて独裁政治を行ったマルコス大統領の長男）は、**親米路線へ修正**しています。米軍が使用できる基地を9か所まで拡大し、アメリカとの防衛協力を強めています。

ASEANを米中対立の場にしない

東南アジアの国々を「ＡＳＥＡＮ」という枠組みから見てみましょう。「ＡＳＥＡＮ」は、東南アジアの10か国からなる政府間組織で１９６７年に発足しました。２００２年に独立した東ティモールはオブザーバーの位置づけです。

ＡＳＥＡＮは、加盟国同士が対等という前提のもと、意思決定は全会一致方式をとっています。国によって発言権に差のあるＥＵなどとは異なります。

ＡＳＥＡＮでは、この30年ほどのあいだに経済的な統合を進め、２０１５年、ＡＳＥＡＮ経済共同体（ＡＥＣ）の発足につながりました。域内の関税を引き下げるほか、人・モノ・金・情報が自由に行き来できるしくみにしました。ＡＳＥＡＮが１つの大きな市場としてまとまり、また魅力的な生産拠点として進化しています。

現在、米中貿易戦争や対中デカップリングということがいわれていますが、**ＡＳＥＡＮは対中貿易を拡大させています**。もちろん中国の影響力拡大を警戒していますが、アメリカ率いる自由主義陣営といっしょになって中国に対抗するという発想はありません。特定の大国だけと近づいたり、排除もしない、バランス重視です。

大国同士の争いに巻き込まれたくないというのは、グローバル・サウスの基本的な考え方です（Ｐ２４５）。

グローバル・サウスのリーダーへ バランス外交のインドの地政学

No.4

分離独立したパキスタンと対立

インドの地政学を見てみましょう。

インドはもともと無数の小国にわかれていました。現在の「インド」という１つの国にまとまったのは、１８５８年の「イギリス領インド帝国」からです。１８７７年以降はイギリス国王がインド皇帝をかねることで、インドを直接統治しました。

このころユーラシア大陸で起きていたのが、イギリスとロシアのグレート・ゲームです。ハート・ランドから南下するロシアに対し、イギリスが迎え撃つかたちとなりました。インドに拠点を構えたイギリスは、アフガニスタンを保護国として、さらに中国ともめていたチベットを支援して独立させました。**アフガニスタンとチベットをロシアの南下に対する防波堤とした**のです。

一方、インド国内では植民地支配への不満が高まっていました。これに対しイギリスは、ヒンドゥー教徒とイスラム教徒の対立をあおることで、自分たちへの不満をそらそうとしました。いわゆる「分割統治」です。

しかし、宗教融和を掲げるガンディーの独立運動が活発になってくると、手を焼いたイギリスは、州レベルの自治を認めることにします。

そして戦後の１９４７年、**インドは独立します**。このとき、もともとイスラム教徒が多かった北西部のパンジャーブ州と東部のベンガル州はインドから切り離され、パキスタンとして独立することになりました。さらに東パキスタンは１９７１年にバングラデシュとして独立します。

この宗教をベースとした分離独立は、紛争の火種となりました。それが**カシミール紛争**です。インド最北部のカシミール州はイスラム教徒が多く、住民はパキスタン帰属を望んでいたにもかかわらず、インド領となってしまいました。これが発端となって、インドとパキスタンの両軍が領有権を主張して介入する印パ戦争が繰り返されるようになったのです。

インドに対抗しなければいけないパキスタンは、アメリカと同盟しました。一方、イギリスが撤退して空白地帯となったチベットには、中国が侵攻してきました。さらに中国は、インド東北辺境地区とカシミール州に侵攻します。

中国は、１９１４年に定められたインドとチベットの国境線「マクマホン・ライン」を認めておらず、インドと対立関係にありました。中国とパキスタンは、対インド攻略で利害が一致しているので手を組みました。

アメリカが支援するパキスタンと中国に包囲されたインドは、ソ連に助けを求め、軍事同盟を結びました。そして中国に対抗して核武装しました。これによって中国とインドの対立は表面上は落ち着きましたが、ただ今度は、**インドに対抗してパキスタンも核を保有しました**。核開発の連鎖が起きたのです。

アメリカは、核実験を強行したインド・パキスタン両国に経済制裁をしましたが、９・11以降に解除しました。「対テロ戦争」を優先して、インドとは２００７年に原子力協定を結んで核保有を認めました。

カシミールでは、いまもパキスタンを拠点とするイスラム過激派によるテロが多発していて、インドはパキスタンを強く非難しています。

「真珠」対「ダイヤ」の攻防

インドと中国は潜在的にライバル関係にあります。同じユーラシア大陸の大国で、国境を接し、人口も同程度。急成長する経済でも争っています。

その中国が進める対インド戦略が**「真珠の首飾り」**です。中国は原油の海外依存度が5割を超え、ほとんどは中東・アフリカ方面から輸入しています。そのシー・レーンは、インド洋からマラッカ海峡（P234）を経由するものですが、マラッカ海峡はアメリカがおさえているので、ここを阻止されたら中国は大きなダメージを受けます。これが**「マラッカ・ジレンマ」**です。

中国はマラッカ・ジレンマの対策として、シー・レーンにそっていくつかの拠点をきずこうとしています。パキスタンやスリランカ、バングラデシュ、ミャンマーという国に巨額の投資をして、港湾施設をつくっています。そして、これらの各拠点からパイプラインなどを引いて、中国内陸部へ石油を輸送します。この戦略が、ちょうど

インドと中国のシー・レーン争い

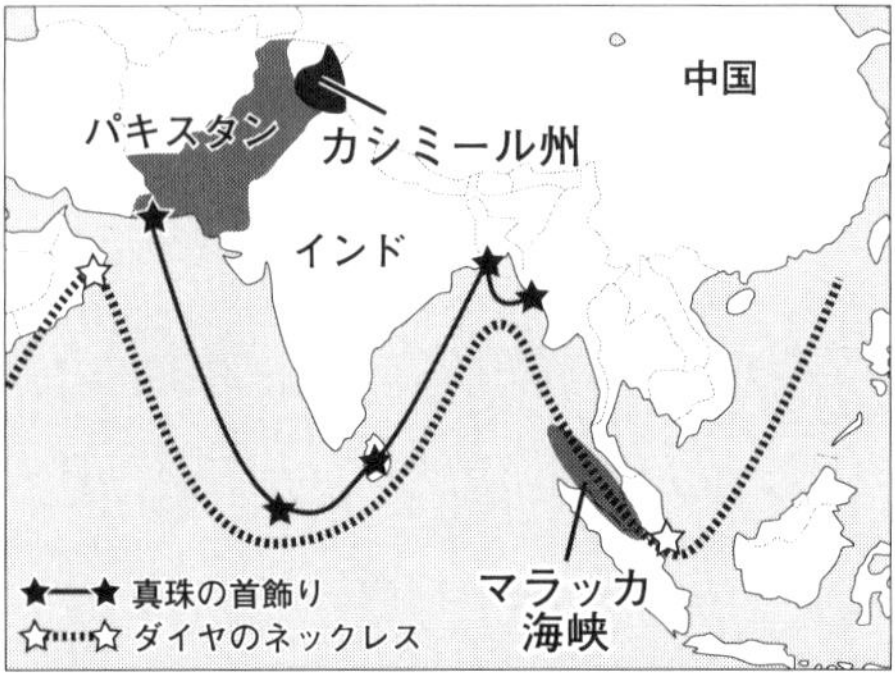

インドは、中国の「真珠の首飾り」への対抗策として
日米と協力した「ダイヤのネックレス」を展開

インドに首飾りをかけるように包囲することから、「真珠の首飾り」と呼ばれているのです。**この戦略は、同時に制海権をにぎるので、インドの海上からの封じ込めにもつながります。**

ただ、インドも黙って見ているわけではありません。インドは、**「ダイヤのネックレス」**戦略を展開しようとしています。これは、アフリカ東部の国や東南アジア諸国、アメリカ、日本との協力関係をつくり、「真珠の首飾り」を外側から包囲するものです。

これに加えインドは「クアッド」（日米豪印戦略対話）に参加するほか、**一方でロシアとは軍事・エネルギー面で連携し**

ています。インドはロシア制裁には加わらず、ロシア産石油の輸入を急増させています。このようにインドは、特定の国や勢力に依存しない「バランス外交」を展開しています。

インドは**「グローバル・サウス」のリーダーとしても存在感が高まっています**。グローバル・サウスとは、アジアや中東、アフリカ、中南米の国、南半球に多い新興国や途上国の総称です。人口の急増、若さ、高い購買意欲などの共通点があります。

グローバル・サウスの国々は、ロシア制裁に加わっていません。ヨーロッパでおきる戦争よりも、日々の経済活動と直結するロシアとの取引（エネルギー、食料、肥料）のほうが切実な問題だからです。米中対立や米露対立に巻き込まれたくない、というのが本音です。そんななか、特定の国や勢力に依存しないインドの「バランス外交」は、グローバル・サウスの共感をよんでいて、**インドがこうした国々の不満を受けとめ、世界に発信する役割を演じています**。

世界経済におけるG7のGDPは4割まで低下しています。一方、2075年にはGDP上位10か国のうち半分以上がグローバル・サウスの国がしめるという予測があります。その意味でもグローバル・サウスは無視できない存在となりつつあります。どの勢力がグローバル・サウスを味方につけるか、という争いがはじまっています。

シー・パワーの島国
日本の脅威は常に大陸にある

No.5

イギリスの戦略に学ぶ

さいごに日本の地政学を見てみましょう。

日本はシー・パワーの島国です。同じような島国で、巧みなシー・パワー戦略で覇権をにぎった国といえば、イギリスです。日本はイギリスの戦略から学ぶところが多いです。

イギリスの基本戦略は、「バランス・オブ・パワー（勢力均衡）」です。ヨーロッパ大陸内でそれぞれの国の力が拮抗するようにしておいて、強国があらわれたときだけ叩く、という戦略でした（Ｐ１５４）。大陸内に覇権を求めたりはしません。

大陸と距離を置き続けていた日本

シー・パワー日本の基本方針
⇒「大陸不介入」

例外：
秀吉の朝鮮出兵

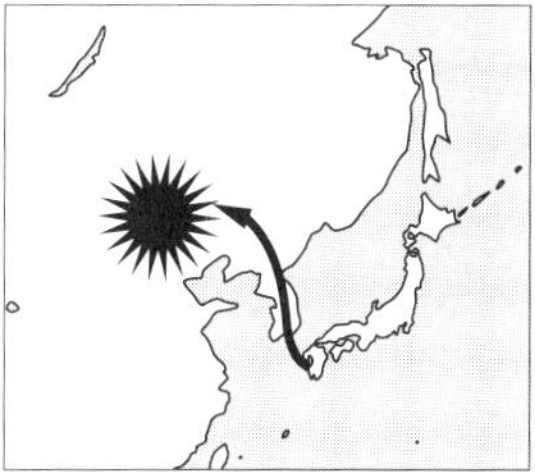

第2次世界大戦での日本

大陸内部へ侵攻

↓

不利なランド・パワーの
戦場に引き入れられ、
敗戦へ

じつは日本も大陸に対してこれに似た戦略をとってきました。日本にとっての脅威は、つねに大陸の中華帝国でしたが、**中国にはあたらずさわらずで距離をとり、大陸内に覇権を求めたりはしませんでした。**例外は豊臣秀吉で、バッファゾーンの朝鮮半島に出兵しました。ですがこれは失敗しました。徳川幕府はこの失敗を教訓に「鎖国」をして、大陸との関係を絶ちました。

清に滅ぼされ、明の復興をかけて戦った鄭《てい》成功《せいこう》が日本に助けを求めてきたときは、日本はこれを拒否しています。大陸での争いに巻き込まれることをさけたのです。

開国して近代化した日本は、同じシー・パワーのイギリスやアメリカの陣営に入ります。

そして、日清・日露戦争ではランド・パワーの中国とロシアを退け、朝鮮半島を支配します。

日本が大陸不介入の原則をやぶっていくのは、このあたりからです。日本は、満州国をつくるという大陸関与政策をとるようになり、ランド・パワーのロシアの脅威に備えるために、陸軍も強化しました。そして、中国内陸に踏み込んでいきます。蒋介石を追って日本軍は、大陸内部に引き入れられました。これはアメリカ・イギリスの戦略で、**兵站線《へいたんせん》を伸びきらせて日本軍を追い込もうとしたもの**です。それでも日本は善戦して、ほとんど大陸では負けなかったのですが、いくら勝っても終わりの見えない苦しい戦いとなりました。

シー・パワーの国家が大陸国家の聖域（ハート・ランド）に引き込まれると、なかなか勝つのは難しいのです。ナポレオンもロシアの内陸まで引き込まれて失敗しました。日本はイギリスの「バランス・オブ・パワー」にならえばよかったのでしょう。中国内部の国民党と共産党の争いを外からあおって、弱体化するのを待てばよかったのです。

そして、第2次世界大戦の日本の最大の失敗は、シー・パワー大国のアメリカとイギリスを敵にまわしてしまったことです。日本は中国大陸だけでなく、太平洋戦線を拡大しすぎて兵站が伸びきってしまい、負けてしまいました。

アメリカ以外の国との連携も必要

戦後の日本は、アメリカとの同盟関係を軸にしました。アメリカは「巨大な島国」で（P52）、日本と同じシー・パワーの国です。世界一のシー・パワーと手を組むことで、日本の安全は守られてきました。

冷戦後の覇権をにぎったアメリカは、テロとの戦いとリーマン・ショックで国力を落とし、「世界の警察官」をやめて力を引きました。これに対しシー・パワーで押し出てきたのが中国です。

この「中国をどう封じるのか」というのが、現在の世界の課題となっています。

この対中戦略としては、1つには**日本主導の「クアッド」（日米豪印戦略対話）**があります。これは地政学的にシー・パワー勢力が中国を包囲する形をとり、南シナ海やインド洋の安全保障の強化を図るものとなっています。

また、**米英豪3か国による新たな安全保障の枠組み「オーカス」**も形成されていま

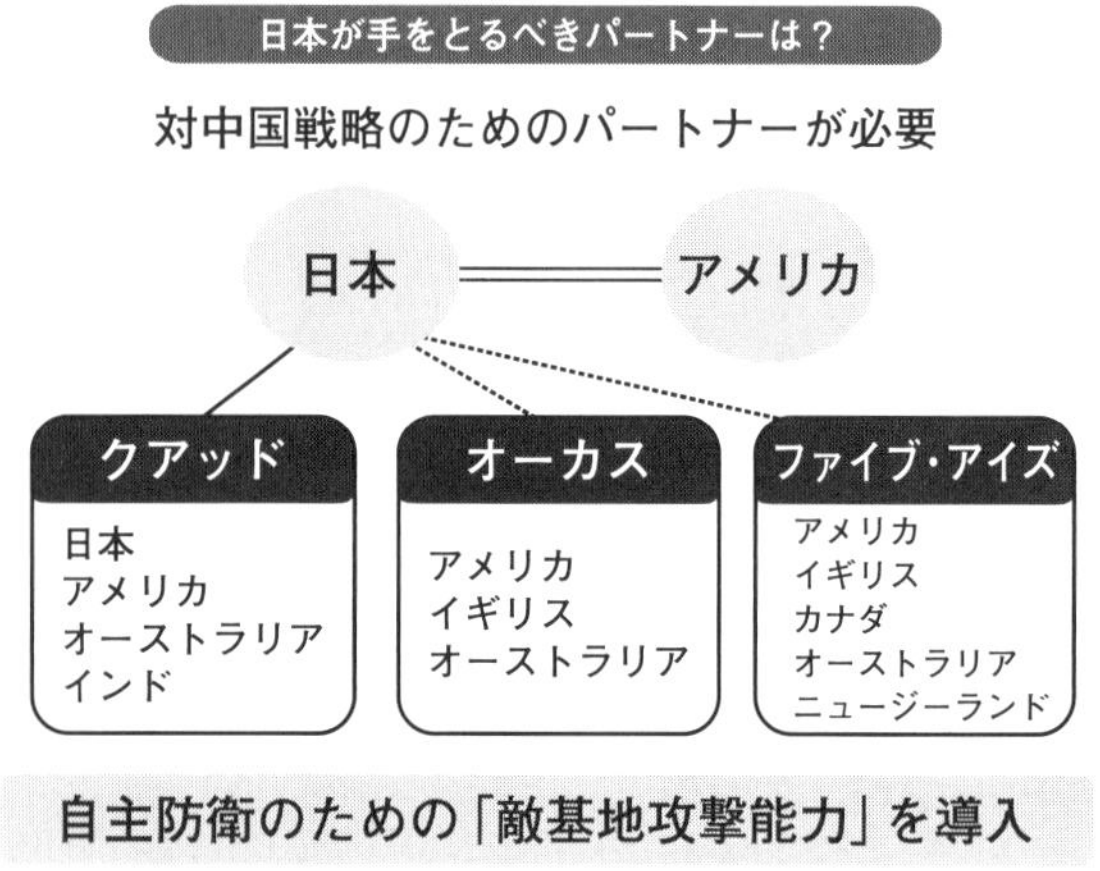

す。クアッドよりも軍事・安全保障を前面に打ち出していて、やはり中国の海洋進出を想定しています。日本はオーカスにも「プラスワン」といった形で関わっていきたいところです。

日本は**「ファイブ・アイズ」**にも加盟したいところです。ファイブ・アイズは、グローバルな機密情報共有の枠組みで、アメリカ・イギリス・カナダ・オーストラリア・ニュージーランドが連携しています。日本が加盟するには、スパイ防止法の制定など、法整備が課題となります。

さて、**中国のシー・パワーを迎え撃つときの防衛ラインは、沖縄・台湾・ベトナムになります**。このうち中国がいま切り崩しにかかっているのが、台湾です。各国は連携して、この台湾を死守しなければなりません。

台湾を守るうえでは、沖縄が重要になります。沖縄は東シナ海における米軍の最前線基地となっています。地元沖縄では米軍基地に対する反発が強まっていますが、**もし米軍が撤退して空白地帯が生まれると、中国が進出してくる恐れがあります**。いまのところ尖閣諸島は日米安全保障条約の適用対象と確認されていますが、沖縄米軍が撤退すれば、尖閣諸島は一瞬にして奪われるでしょう。フィリピンの苦い前例を知っておくべきです（P238）。

一方、日本としては、これからの不安定で複雑な多極化時代を生き抜く術も模索していく必要があります。**アメリカが強大だった時代につくられた日米安保体制があるから安心という考えは危うくなります**。

そのためには、独立国家として自主防衛力を高めることがポイントになります。そこで導入することになったのが、**敵基地攻撃能力**です。中国や北朝鮮は迎撃の難しいミサイルの開発を加速させています。これに対応するには、発射直前のミサイルを叩くしかありません。これが敵基地攻撃能力です。敵が攻撃に着手したあとに反撃するので、先制攻撃には含まれないと解釈されます。また、日本の防衛費はGDP比1％でしたが、これを2027年度までに2％に引き上げることになりました。

また、**エネルギー戦略**も重要になります。日本が太平洋戦争に突き進んだ直接的な原因は、エネルギーの問題でした。アメリカに依存していた石油の輸入が断たれたことで、開戦という選択肢しかなくなってしまったのです。

日本は、石油の9割以上、天然ガスの約2割を中東に依存しています。このエネルギーを運ぶ日本のシー・レーンには、ホルムズ海峡や台湾近海があります。中東情勢の不安定化や台湾有事というリスクを抱えており、エネルギー調達先の多角化とともに、迂回ルートの構築が必要です。

エネルギー調達先の多角化という意味では、ロシアのサハリンの権益は簡単に手放すわけにはいきません。ロシア制裁によりサハリン1の石油の輸入は止まりましたが、日本のLNGの9％を依存するサハリン2の権益は維持しています。

一方、エネルギー自給率を高めるために新技術の開発にも注力したいところです。たとえば、核融合発電は「夢のエネルギー」といわれ、各国が開発に関わっています。核融合発電は、水素を燃料とし、安全に半永久的に発電できるといわれています。

おわりに

『図解　いちばんやさしい地政学の本』は2017年に刊行され、その2年後に改訂版として「2019-20年度版」が刊行されました。ウクライナ戦争が勃発した翌月の2022年3月に文庫版が刊行され、本書はその加筆・再編集版になります。

このわずか2年にも満たないあいだに、2つの戦争が起きています。ウクライナとパレスチナは、いずれも昔からたびたび紛争があった地域ですが、そこでふたたび惨劇が起きました。紛争が起きやすい地域はいつの時代も変わらない――。これが地政学が明らかにしていることです。

ウクライナ戦争をきっかけとして世界の対立構図は鮮明化しました。

ロシアのエネルギーに依存していた欧州は、シー・パワーの米英とともにロシア制裁・ウクライナ支援にまわり、反ロシアへ転じました。そのロシアは、エネルギー供給先を中国・インドに振り向け、制裁のダメージを回避します。ランド・パワーの中露の連携が深まり、そこに北朝鮮も加わります。結果、「シー・パワーの米英（＋欧州・

日韓)」と「ランド・パワーの中露北」という構図になっています。

ただ、このどちらの陣営にも加わらない勢力があります。それが、グローバルサウスです。グローバルサウスのリーダーともいえるインドは、ロシアとの関係を深めながら、アメリカとの関係も維持し、BRICSのメンバーでありながら、中国包囲網に加わるというバランス外交を展開します。自国の地政学的課題と無関係な対立には加担せず、国益優先。このスタンスは、新興国・途上国の共感をよんでいます。

2024年秋にはアメリカ大統領選があります。パンデミックと戦争のあとの世界の新秩序が形成される段階に入ると予想されます。

さいごに、本書をまとめるにあたり、彩図社の栩兼紗代さまには大変お世話になりました。日頃のご理解とご助力に心から感謝いたします。

2023年12月　沢辺有司

◆主要参考文献

『アメリカ大統領を操る黒幕』（馬渕睦夫、小学館新書）／『イスラム戦争』（内藤正典、集英社新書）／『一気にわかる！池上彰の世界情勢2016』（池上彰、毎日新聞出版）／『ヴィジュアル版 海から見た世界史』（シリル・P・クタンセ、樺山紘一監修・大塚宏子訳、原書房）／『金融のしくみは全部ロスチャイルドが作った』（安部芳裕、徳間書店）／『現代地政学』（コーリン・フリント、高木彰彦訳、原書房）／『現代の地政学』（佐藤優、晶文社）／『最強兵器としての地政学』（藤井厳喜、ハート出版）／『新・世界経済入門』（西川潤、岩波新書）／『新・地政学 「第三次世界大戦」を読み解く』（山内昌之、佐藤優、中公新書）／『週刊ダイヤモンド』「劇変世界を解く新地政学」 2017年1月28日号（ダイヤモンド社）／『世界史で学べ！ 地政学』（茂木誠、祥伝社）／『世界史の大転換』（佐藤優、宮家邦彦、PHP新書）／『世界のニュースがわかる！ 図解地政学入門』（高橋洋一、あさ出版）／『中国の大問題』（丹羽宇一郎、PHP新書）／『使える地政学』（佐藤優、朝日新書）／『日本の今の問題は、すでに〈世界史〉が解決している。』（宇山卓栄、学研プラス）／『日本も世界もマスコミはウソが9割』（ベンジャミン・フルフォード、リチャード・コシミズ、成甲書房）／『ニュースの〝なぜ？〟は世界史に学べ』（茂木誠、SB新書）／『100の地点でわかる地政学』（オリヴィエ・ダヴィド、パスカル・ゴーション／ジャン＝マルク・ユイスー他6名編、斎藤かぐみ訳、白水社）／『政治力と戦略で読み解く 武器としての超現代史』（浜田和幸、学研プラス）／『プーチンはアジアをめざす』（下斗米伸夫、NHK出版新書）／『ユーロ崩壊！』（三橋貴明、彩図社）／『ワケありな日本の領土』（沢辺有司、彩図社）／『2019年 アメリカはどこまで中国を崩壊させるか』（渡邉哲也、徳間書店）／『国境ある経済の復活』（藤井厳喜、徳間書店）／『週刊ダイヤモンド』「投資に役立つ！ 地政学・世界史」 2018年11月3日号（ダイヤモンド社）／『グローバリズム後の世界では何が起こるのか？』（高岡望、大和書房）／『馬渕睦夫が読み解く 2022年世界の真実』（馬渕睦夫、ワック）／『地政学原論』（庄司潤一郎・石津朋之 編著、日本経済新聞出版）／『日本人が知るべき東アジアの地政学』（茂木誠、悟空出版）／『知らないではすまされない地政学が予測する日本の未来』（松本利秋、SB新書）

■ 著者紹介

沢辺有司（さわべ・ゆうじ）

フリーライター。横浜国立大学教育学部総合芸術学科卒業。

在学中、アート・映画への哲学・思想的なアプローチを学ぶ。編集プロダクション勤務を経て渡仏。パリで思索に耽る一方、アート、旅、歴史、語学を中心に書籍、雑誌の執筆・編集に携わる。現在、東京都在住。

パリのカルチエ散歩マガジン『piéton（ぴえとん）』主宰。

著書に『図解 いちばんやさしい哲学の本』『図解 いちばんやさしい三大宗教の本』『図解 いちばんやさしい地政学の本』『図解 いちばんやさしい地経学の本』『図解 いちばんやさしい世界神話の本』『地政学から見る日本の領土』『ワケありな映画』『ワケありな名画』『封印された問題作品』『吉田松陰に学ぶ リーダーになる100のルール』『本当は怖い 仏教の話』『要点だけで超わかる日本史』『教養として知っておきたい33の哲学』（いずれも彩図社）、『はじめるフランス語』（学研プラス）、『地政学ボーイズ』（原案・監修／ヤングチャンピオン）などがある。

【カバー＆本文イラスト】梅脇かおり

図解 いちばんやさしい地政学の本
激動の世界最新版

2024年2月14日第一刷

著　者　沢辺有司

発行人　山田有司

発行所　株式会社　彩図社
東京都豊島区南大塚3-24-4
MTビル　〒170-0005
TEL:03-5985-8213　FAX:03-5985-8224
https://www.saiz.co.jp
https://twitter.com/saiz_sha

印刷所　新灯印刷株式会社

ISBN978-4-8013-0702-5 C0131
※落丁・乱丁本は小社宛にお送りください。送料小社負担にて、お取り替えいたします。
定価はカバーに表示してあります。

※本書は2022年3月に小社より刊行された『図解 いちばんやさしい地政学の本』を加筆修正の上、文庫化したものです。